J. L. Rodríguez Plasencia

Gran enciclopedia del disparate

Colección

EL PAPAGAYO

— 38 —

J. L. RODRIGUEZ PLASENCIA

GRAN ENCICLOPEDIA DEL DISPARATE

EL PAPAGAYO
EDICIONES TEMAS DE HOY

Colección EL PAPAGAYO

Paseo de la Castellana, 93. 28046 Madrid
Ilustraciones de cubierta e interior: Ana Capitaine
Diseño de cubierta: Wunderman
Primera edición: junio de 1991
ISBN: 84-7880-094-8
Depósito legal: M. 16.287-1991
Compuesto en Puntographic, S. A. L.
Impreso en Grefol, S. A.
Printed in Spain - Impreso en España

Indice

A la memoria de mi padre, que dedicó toda su vida a la enseñanza.

PRESENTACION

El origen de este libro se remonta al año de gracia de 1970. Son, pues, más de veinte los años dedicados a recoger y catalogar cuantos dislates deslizaron mis alumnos en sus ejercicios o exámenes, tanto orales como escritos, para poderlos hoy presentar reunidos en esta enciclopedia tan disparatada. Veinte años ya (¡me parece que fue ayer!) desde aquel lejano día en que yo, novato maestro de Enseñanza Primaria, destinado en la entonces Agrupación Escolar Mixta José Antonio de El Bosque (Cádiz), pueblo serrano donde los haya, tropecé inesperadamente con un divertido gazapo que me hizo reír largo tiempo. (Supongo que, aparte su gracia intrínseca, también influyó el monótono mecanismo de la corrección y una prolongada permanencia frente al montón de cuadernos a repasar que tenía delante para que la chispa feliz y sorprendente que desató la carcajada se prolongase.) «¿Qué sucedió el día de Pentecostés?», preguntaba repasando algunos temas de Historia Sagrada con los angelicales niños de un quinto curso tranquilo y trabajador como pocos he tenido después a mi cargo. «Que se escuchó como un ruido y se le encendió a los discípulos una bombilla en la cabeza», fue la respuesta escrita por uno de aquellos peques, y la causante, también, del momentáneo relax jocoso posterior. Fue la primera piedra, esa que dicen angular. Otro día, pregunté qué era un año luz. «Es un año que se emplea para medir la luz», «cuando se hace de noche y se ve el Camino de Santiago», «es...». Luego, hubo más y más... Tantos que incluso me permitía seleccionar aquellos que consideraba más divertidos.

Llevaba recopilados quince o veinte de estos gazapos escolares, cuando uno de mis compañeros me advirtió que había ya cierto profesor, malagueño creo, afanado en igual tarea compiladora. Y que, incluso, tenía publicado un libro. No me preocupó. Aparte de que las «fuentes» eran distintas (él, los alumnos de Bachillerato, yo, los de Primaria), la única idea que me movía a «coleccionar» y clasificar tales donosuras era poder utilizarlas posteriormente en clase, como advertencia pedagógica, llamando la despierta atención de los chicos (siempre evitando posibles indicios que delataran al autor) sobre tales errores. Pero el número de gazapos fue en aumento y no me pareció ni razonable ni lógico guardar para mí solo tal caudal de gracia infantil.

No obstante, cuando la editorial Temas de Hoy me propuso escribir este prólogo no supe, en principio, por dónde escapar... Luego, me planteé dos preguntas que hasta entonces había ido relegando, quizá por pereza, para explicarme el fenómeno de los disparates:

a) ¿Cuáles eran las causas que influían en los chicos para cometer tanto dislate?

b) ¿Eran conscientes los chicos de que escribían tales disparates? En otras palabras: ¿los ponían con pleno conocimiento de causa?

Empezaré por la segunda cuestión. No, no creo que el alumno sea consciente, cuando contesta un examen o control, de que está desvariando.

Mi larga experiencia educativa y el conocimiento directo de mis alumnos me llevan a saber (perdonen mi inmodestia) cuándo alguno trata de hacerse el gracioso o cuándo disparata de modo involuntario. Por ello, puedo asegurar que el cien por cien de los disparates aquí reunidos fueron escritos sin que sus nerviosos autores (toda prueba o control altera a los chicos) supieran que estaban poniendo solemnes tonterías en sus respuestas. No quiero decir con esto que en alguna ocasión posibles avispadillos, conocedores de mi costumbre «coleccionista», no intentaran pasarme alguno «prefabricado» al objeto de «colaborar» conmigo ampliando mi colección. No. Los ha habido. Recuerdo ahora a un chico de 7.º de E.G.B. que, habiendo preguntado yo sobre la corrupción existente en España durante el reinado de Felipe III, me contestó (son palabras textuales): «Que Soni Croker y Ricardo estaban de corrupción en Miami.» El mismo alumno, en aquel mismo control, a mi pregunta de «en qué basaba su poder la vieja nobleza española del siglo XVII», escribió: «Se basaba en la Guerra de los Mundos y en Los Intocables de Elios Ness.» Claro que este chico no volvió a intentar nuevas digresiones históricas propias. Una llamada telefónica al padre fue suficiente para traerlo nuevamente al orden «institucional».

Entonces, ¿por qué disparatan? La primera respuesta que se me ocurre es el despiste. Se dan casos de alumnas y alumnos con sobresaliente en sus controles que cometen picias imperdonables al escribir. Son los menos, claro, y el motivo principal está en las prisas, en los nervios y en no releer atentamente lo escrito una vez terminan su trabajo.

Una segunda causa indudable es la falta de comprensión lectora padecida por algunos escolares, que les impide comprender y, por tanto, memorizar bien lo estudiado.

Un tercer motivo está en que el chico o la chica, al no programar su trabajo diario, va relegando las materias «de codos» (donde la «cosecha» de gazapos es infinitamente mayor) para el día anterior al examen o control, con lo cual el clásico dicho de «llevar prendidas las cosas con alfileres» les lleva casi siempre a trastocar y trabucar esos conocimientos mal asimilados.

¿Muchos de estos disparates podrían corregirse con una atenta lectura posterior? ¡Por supuesto! Pero el que conoce bien la materia escribe de modo irreflexivo y el que duda bastante está más preocupado tratando de convencer al Espíritu Santo para que le ayude, prometiéndole estudiar más la próxima vez.

Una última cuestión antes de poner el *END* telonero a esta introducción. ¿Hay diferencias manifiestas, diferenciadoras, entre los errores escolares cometidos por los alumnos más jóvenes (Ciclos Inicial y Medio) y los mayorcitos (Ciclo Superior)? Llevo muchos años seguidos dedicado únicamente a los segundos y estoy desligado, por tanto, de los «peques». Sin embargo, basándome en mi experiencia de otros años anteriores (he pasado por todos los niveles y cursos, bien en Primaria, bien en Básica) y la de otros compañeros, creo que no hay diferencias (¿algo más de ingenuidad quizá en los más jóvenes?), si obviamos, lógicamente, los disparates cometidos como directa consecuencia de la gran diferencia de contenidos que se imparten a unos y otros. También entre los «peques» hay quienes prefieren *Cristal* al libro de Experiencias…

Geografía

LA TIERRA

La atmósfera

• Atmósfera es la capa de aire *envolvida* por toda la Tierra. Se divide entre un día y la noche.

• Las capas de la atmósfera son: la troposfera, que es donde se producen todos los aparatos eléctricos. Sin embargo, en la *trastósfera* todo está tranquilo, aunque con los rusos y americanos no sabemos cómo quedará.

• La estratosfera es la parte donde se encuentran el mar y el agua.

La hidrosfera

• El agua sube y forma las nubes y cuando chocan entre ellas se forma la lluvia y así siempre.

• EL AGUA HACE EL SIGUIENTE RECORRIDO EN LA NATURALEZA: EL AGUA SUBE Y LUEGO BAJA Y ASI MUCHAS VECES, HASTA QUE SE CANSA Y CAE EN FORMA DE LLUVIA, DE NIEVE O DE GRANIZO, QUE ES EL QUE MAS PESA, ESPECIALMENTE SI TIENE EL TAMAÑO DE HUEVO.

• El agua en la Naturaleza sigue el siguiente ciclo: recurso alto, recurso medio y recurso bajo.

• El agua sube a las nubes y luego baja precipitadamente.

La litosfera y las capas internas de la Tierra

• La Tierra tiene dos cortezas, siendo la de dentro la más dura.

• Debajo de la corteza, la Tierra tiene una especie de abrigo llamado manto y el núcleo, que es donde ya no hay nada. Por eso la corteza terrestre se hunde más donde hay más gente.

La formación de los continentes y de los océanos

• Los continentes son una cosa y los océanos otra. Los continentes se formaron antiguamente gracias a las lluvias y tormentas y truenos. En cambio, los océanos, que son el océano Atlántico, el océano Mediterráneo y el océano Cantábrico, se formaron gracias a las nubes que chocaban.

• Los océanos se formaron por depresiones del clima.

• Los continentes se formaron hace millones de años cogiendo unos pedacitos de piedras. Los océanos se formaron acumulando muchas aguas y así se formaron los océanos.

• Los océanos se formaron conforme llovía y llovía. Así se iban haciendo hoyos y se formaron los océanos. Los continentes se formaron porque la lluvia hacía hoyos en algunas partes de la Tierra y así se formaron los continentes.

• Los continentes se formaron por un terremoto que tuvo la Tierra.

Los océanos

• EL OCEANO PACIFICO BAÑA LAS COSTAS DE LOS TURISTAS EN VERANO.

• El océano que separa Asia de América se llama de todas las Américas.

EL RELIEVE DE LA TIERRA

Los agentes geológicos: sus clases y diferencias

• Agentes geológicos son los que están dentro de la Tierra. Sus clases son: Asia y Caldea. Sus diferencias: Asiria está al norte del centro y Caldea al sur del otro.

• LOS AGENTES GEOLOGICOS DESTRUYEN Y LOS INTERNOS ARREGLAN LOS DESTROZOS DE LOS OTROS.

Las fuerzas internas de la Tierra

• Entonces, la corteza terrestre se hunde en unos sitios más que en otros porque ha habido presión y esta presión quiere salir y no puede, pues las paredes se van formando más blandas y llega un momento en que sale al exterior y lo expulsa. Las paredes están blandas, pero al cabo de un rato o tiempo se van formando duras.

• La corteza terrestre se hunde en algunos lugares por una impresión. Estos hundimientos se producen porque al hundirse las placas tectónicas se producen algunos hundimientos también.

• Unos sitios se hunden más que otros porque en unos sitios hace un clima frío y en otros calurosos.

Los plegamientos

• UN PLEGAMIENTO ES UN ACHUCHON QUE DA EL TERRENO PARA QUE SALGA UNA MONTAÑA.

• ES UNA GUERRA. POR EJEMPLO: CUANDO NACE UN NIÑO, LOS CURAS VEN SI SALE BUENO O MALO. SI SALE MALO LO TIRAN AL RIO Y SI SALE BUENO NO LO TIRAN. SE LO DEVUELVEN A SU MADRE. POR ESO ES UN PLEGAMIENTO.

• Un plegamiento es cuando dos guerras chocan.

Los terremotos

• Son problemas internos que tiene la Tierra.

• Son producciones que se hacen cuando el volcán entra en *erección*.

• Los terremotos son aquellos que cuando se mojan, bajan o caen a la Tierra.

Los volcanes

• Se producen los volcanes a la vuelta del manto, debajo de la cáscara.

• Son seísmos que cuando se molestan producen volcanes.

• Son unas montañas subterráneas.

• Los volcanes son como una montaña, pero con un hoyo dentro muy hondo y dentro hay lava, que suelta piedras, cenizas y gas butano.

La formación de las montañas

• Las montañas se forman de muchas maneras, pero no me acuerdo de ninguna.

• Las formas de formarse las montañas son: por ejemplo, si yo empujo un papel a un lado y Luis por el otro formaremos una montaña.

Las fuerzas externas de la Tierra

• El agua disuelve las rocas y forma paisajes muy fenomenales.

La erosión por las aguas corrientes

• LOS RIOS TIENEN TRES FUNCIONES: EN LA EROSION, ARRANCAN; EN EL SEGUNDO, TRANSPORTAN, Y EN LA SEDIMENTACION LO DEJAN TODO POR EL SUELO.

• Los ríos hacen una función, que es recoger agua que cae del cielo y llevarla a otro sitio.

EL CLIMA

La Tierra y el clima

• La Tierra tiene dos movimientos: el día y la noche, y este movimiento da lugar al externo, que es cuando es de día, y al interno, cuando da de noche.

• En verano hace más calor que en invierno porque en verano los rayos caen perpendiculares y en invierno más perpendicularmente. También, los rayos de sol caen más precipitadamente según el lugar esté más arriba o más abajo que el Sol.

Las zonas climáticas

• LA ZONA TEMPLADA PODEMOS ENCONTRARLA ENTRE EL BRASERO Y LA ESTUFA.

• El hombre del tiempo se utiliza para medir el clima.

• Las zonas templadas se hallan en medio del río, curso bajo.

• La nieve se cae antes en la altitud que en la latitud.

Las precipitaciones

• Humedad es la cantidad de vapor que hay en el agua.

• El viento se satura cuando la humedad viene de otra parte que no sea la misma de antes.

• Influye la altitud cuando su altura es tan alta y cuando pasa una nube muy húmeda choca con esa roca y produce un clima húmedo.

• La altitud influye en las precipitaciones, pues la latitud en las lluvias es fría y la altitud sitúa las nubes en su sitio.

• La latitud influye en las precipitaciones con bastante dificultad e intensidad.

• La situación respecto al mar influye en las precipitaciones porque unas veces influye el viento por arriba y otras por abajo.

Los vientos

• SON UN AIRE QUE SI SE ABRE LA PUERTA, HAY CORRIENTE.

¿Por qué la brisa costera sopla durante el día del mar a la tierra y por la noche al revés?

• Porque el aire de la tierra se lo ha dado a otro que no tenía el aire y por la noche, como el mar ha dado el aire a la tierra por la mañana, pues ahora le da la tierra el aire al mar.

• Se debe a que por el día va el pueblo o ciudad a cambiarlo y por la noche le toca al mar.

• Por la noche, como hace más frío, se va a un sitio donde hace más calor y el sitio que deja desocupado vuelve a ocuparse.

• Es porque la tierra de día está caliente y de noche está fría, y se juntan.

LAS ZONAS CLIMATICAS DE LA TIERRA

El clima tropical monzónico

• Son todos aquellos que no tienen demasiada densidad de personas o cosas, como el desierto.

• Este clima se encuentra más o menos por Africa, y sus temperaturas no son muy elevadas, que digamos.

LA POBLACION

Conceptos demográficos: densidad de población

• Densidad de población; es decir, la densidad de población que tiene España. Por ejemplo: si tiene 38.000.000 de habitantes; es decir, la densidad de población.

• Son las ciudades que tienen mucha gente.

• Densidad son los habitantes que hay en un metro cúbico.

• El conjunto de personas que trabajan en un mismo sitio.

• TODAS LAS PERSONAS QUE CABEN EN UN PUEBLO.

Conceptos demográficos: población absoluta y relativa

• LA POBLACION ABSOLUTA ESTA FORMADA POR TODOS LOS HOMBRES Y LA RELATIVA POR LOS DEMAS.

• LA PRIMERA ES CUANDO NOS JUNTAMOS TODAS LAS PERSONAS DE UN PAIS, Y RELATIVA CUANDO NOS REUNIMOS SOLO LA MITAD

Conceptos demográficos: crecimiento vegetativo

• Entiendo por crecimiento vegetativo que si un hombre se interesa por su trabajo de vegetación, lo cuidará con cuidado y atención.

• Crecimiento vegetativo es el cultivo de crecimientos vegetales.

• Yo digo que crecimiento vegetativo es que una persona crece gracias a los vegetales.

• El crecimiento de plantas medicinales para una mejor forma de vida es el crecimiento vegetativo.

• Creo que crecimiento vegetativo es que sólo haya vegetales que no coman carne.

• Es, por ejemplo, el crecimiento vegetativo de todos los vegetales, pero no tienen máquinas que la recogen, sino que lo recogen los hombres. En el índice de crecimiento natural es lo mismo, porque trabajan hombres.

• Crecimiento vegetativo es que los niños nacen fuertes y bien hechos.

• Lo que crecen los vegetales en un año es el crecimiento vegetativo.

• Lo que transforma el producto primo en elaborado.

• EL CRECIMIENTO DE LOS VEGETALES POR CADA 1.000 HABITANTES.

Movimientos migratorios

• Movimientos migratorios son todos aquellos que no van de viaje y que están bien de trabajo, de salud y de familia, y que no tienen problemas de tener que salir de viaje con coche, ni avión, ni etc. Hay dos movimientos: exteriores, que emigran dos veces al año, e interiores, que emigran una vez al año.

• Los movimientos migratorios son don: externos, cuando se realizan de un lugar a otro, e internos, que se realizan al revés de los otros.

• En los movimientos demográficos de un país intervienen el alcalde, el cura, los regadíos y las defunciones.

• UNA DE LAS CAUSAS DE LAS MIGRACIONES DEL CAMPO A LA CIUDAD ES LA NOTABLE DIFERENCIA ENTRE EL DIA Y LA NOCHE.

La población y los sectores de actividad

• Los sectores básicos de actividad económica son: el primario, el secundario y el terciario. El primario tiene a todos por el suelo y el subsuelo, mientras los otros, no.

• EN EL SECTOR PRIMARIO TRABAJAN LAS PERSONAS QUE ESTAN EN EL PARO; EN EL SECUNDARIO, LOS QUE NACEN Y MUEREN, Y EN EL SECTOR TERCIARIO ES CUANDO YA TE HAN DADO UN TRABAJO.

• El sector secundario está formado por los de Barcelona o los de Cataluña.

LA AGRICULTURA, LA GANADERIA Y LA PESCA

La agricultura tradicional y la agricultura moderna

• Entre los otros inventos de la agricultura moderna están el tractor, las fuentecillas esas que echan agua y otro tractor que quita las hierbas malas.

La ganadería moderna

• Algunas de las mejoras introducidas en la ganadería es que se ha mejorado la máquina.

• CON LA GANADERIA MODERNA SE HAN CONSEGUIDO RAZAS SELECTAS, RAZAS COLECTIVAS Y RAZAS SENTIMENTALES.

• La ganadería está formada por la ganadería vacuna, que son la vaca, la ganadería ovina, que son la oveja, y la ganadería cochina, que son el cerdo.

La pesca

• Tradicionalmente se han considerado tres tipos de pesca: la pesca antigua, la pesca moderna y la pesca contemporánea.

• Las clases de pesca son: pesca de bajura, pesca de altura y pesca mucho mayor que la pesca de altura.

LAS MATERIAS PRIMAS Y LAS FUENTES DE ENERGIA. LA INDUSTRIA

Las materias primas

• Las materias primas son los productos elaborados que después pasan al consumo, y del consumo pasan al hombre o al mono.

• LAS MATERIAS PRIMAS SON LAS QUE SE CONOCEN DE TODA LA VIDA; UN EJEMPLO: LA MESA.

• Materias primas son aquellas en que hay animales.

El petróleo

• El petróleo es muy negro y por eso hace humo.

La industria y sus tipos

• La industria es donde se mete todo.

• La industria se puede dividir en industria de base e industria socialista.

• La industria se divide en abonos químicos y en tipos sociales.

• Una industria si no termina, lo deja como está y se lo pasa a la industria base y la industria base pues se lo termina a la otra.

• La función que tiene la industria es convertir los productos que no valen en malos o semimalos.

• LA INDUSTRIA TRANSFORMA LOS PRODUCTOS QUE SON BRUTOS EN OTROS MAS EN CONDICIONES O PREPARADOS.

• Hay dos tipos de industria: una, que es la base, y otra, la prima.

• La industria transforma el producto en producto elaborado casi.

EL COMERCIO MUNDIAL Y LOS TRANSPORTES

El comercio a lo largo de la historia

• En la Edad Media el comercio era distinto. Allí era un pueblo en un lado, otro pueblo en otro lado y así, y el comercio en el medio. Entonces, fue un día que se pusieron de acuerdo, que se ponía en el pueblo. Y así pasaron hasta que llegó la Edad Moderna.

Características del comercio mundial

• Importación es llevar las cosas a un mismo lugar y exportación es llevarlas a otro sitio. Ejemplo de importación: Manolo siempre ha comprado en Extremadura. Ejemplo de exportación: Jesús iba a Dinamarca a comprar lana.

• Importación es todo lo que se saca y exportación todo lo que se mete.

Los bloques comerciales: el bloque de los países capitalistas

• Hay dos bloques: uno, que está en Rusia, y otro, que nos viene de América.

Países no industrializados

• Países subdesarrollados son aquellos que tienen más desarrollo de los que no tienen ningún desarrollo porque aún son pequeños o medianos.

GEOGRAFIA DE ESPAÑA

Características del relieve español

• La Meseta es la provincia más grande de España y está al lado de Africa. Por eso tiene un relieve muy caluroso.

Características generales de los ríos españoles

• Los ríos españoles son distintos. Hay ríos altos y bajos, con mucha agua fría y caliente. También hay ríos que son muy largos y otros que son muy *bagos*.

• Los ríos de la vertiente cantábrica son de un clima normal, pues ni llueve mucho ni poco. Más llueve que no, pero es normal, como digo.

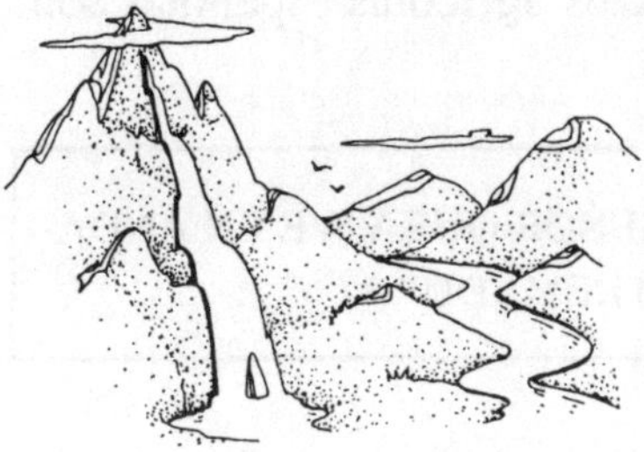

• Los ríos españoles son muy grandes y tienen muchas montañas en el medio.

Las características del clima español

• El clima es suave, porque van muchos turistas.

La población española: poblamiento disperso y concentrado

• EN ESPAÑA HAY DOS TIPOS DE POBLAMIENTO: POBLAMIENTO ACTIVO Y DESACTIVO, O DE LOS PARADOS.

• Poblamiento concentrado es el que está en movimiento; es decir, que trabajan bien y tienen un buen trabajo, etc. Y poblamiento disperso el que está principalmente en el mar y de él se saca carne y leche.

• Los poblamientos concentrados en España son los que ya están jubilados y poblamiento disperso es un número de personas que están con la higiene y los medicamentos; es decir, que necesitan medicinas e higiene.

• En España, el poblamiento concentrado se da en Francia, Rusia y Alemania.

La agricultura española

• Los principales productos agrícolas españolas son: cereales, vid y huevos.

• UN LATIFUNDIO ES UN SEÑOR QUE VIVE EN ANDALUCIA Y EXTREMADURA.

La ganadería española

• La ganadería bovina española es muy húmeda.

• Las ovejas se crían por la zona de la Edad Media, que abarca parte de la España seca.

La industria española

• La industria española se encuentra disimuladamente repartida y el mayor problema que tiene es que no existe casi.

• En el mar Mediterráneo hay importantes industrias.

La pesca en España

• España tiene pesca de altura, de *medianura* y de bajura y mucha faena por delante.

EUROPA FISICA

El relieve de Europa

• Las principales cadenas montañosas son las montañas *Roscosas*, la cordillera pirenaica y Sierra Madre, que se encuentra en América.

• Europa no tiene muchas cadenas montañosas ni pocas. Tiene algunas importantes y otras menos. Por ejemplo: entre España y Francia hay una cadena montañosa muy conocida por todos, que son los montes *Pininos*.

• En Europa, los Urales se están ocupando de casi toda Europa mediterránea. Los viejos mármoles se están agotando en la parte de Italia, etc., y los árboles jóvenes se están extendiendo en toda Europa.

• Tiene Europa un conjunto de montañas jóvenes que pertenecen a los Andes.

• Las principales unidades de relieve son que los bosques europeos tienen muchas montañas donde hay toda clase de árboles. El relieve es muy distinto, y los hay frescos y húmedos y arbustos.

• El relieve de Europa es muy apropiado.

• EUROPA TENIA HASTA HACE POCO UN RELIEVE APROXIMADO.

• En Europa pueden encontrarse tres unidades de relieve: Europa, América y Africa. Europa ocupa el océano

Atlántico, América el océano cantábrico y Africa todo el Mediterráneo.

• En Europa pueden distinguirse tres unidades de relieve: relieves físicos, relieves químicos y relieves políticos.

Ríos y lagos de Europa

• Los ríos no pueden ser peligrosos porque se estrechan al pasar por un estrecho. Algunos desaguan en la vertiente atlántica y en la mediterránea.

• Los ríos europeos, en su mayoría, son navegantes.

• La red de ríos en Europa hace que sean muy densos y por ello se puede navegar y así se emite la comunicación.

• La mayoría de los países europeos nacen en los Urales y hay muchos ríos que son navegables para viajar.

• Son muy poco favorables y no abundan en la vegetación y tienen poco crecimiento vegetativo; por eso, Europa tiene una situación muy fértil, con una navegación normal.

• Los ríos europeos son de aguas densas.

• Los ríos son caudalosos, pero de poca extensión y desembocan casi pronto en el mar.

• Los ríos de la vertiente ártica son: Elba, Sena, Duero y Tajo.

• LOS RIOS EUROPEOS SON MUY CAUDALOSOS. EN INVIERNO SON MUY FRIOS Y EN VERANO MUY CALUROSOS.

• Los ríos europeos son muy tensos y están ampliamente poblados.

• LOS RIOS EUROPEOS SUELEN SER GRANDES, Y CUANTO MAS LLUEVE, MAS AGUA LLEVAN.

• Los lagos más grandes de Europa se encuentran en el mar.

El clima continental

• En Europa, el clima continental tiene veranos calientes e inviernos abrigados, y su vegetación es típica en estepa, como sus polvorones.

GEOGRAFIA HUMANA Y ECONOMICA DE EUROPA

La evolución de la población europea

• La población europea es baja, porque tiene un crecimiento vegetativo que mueren más que nacen.

• Desde hace años, el crecimiento ha disminuido debido a la falta de trabajo, pues así hay más muertes que crecimientos.

• La población europea se eleva a unas 250 personas, incluido el Mercado Común.

• EL CRECIMIENTO VEGETATIVO EUROPEO ES MUY MEDIANO, DEBIDO A LA BAJA PATERNIDAD Y A LA ALTA MATERNIDAD.

• El crecimiento europeo es bajo, debido a la poca industria, comercialización, importación y exportación que ha tenido Europa un año o más en cada mil habitantes.

• LA POBLACION EUROPEA ES DESLEAL Y NO SE PORTA BIEN.

• Europa tiene un crecimiento *bago* y hay que procurar producir algo más de población.

• El índice de crecimiento *vengativo* en Europa es muy bajo.

¿Por qué la distribución de la población europea es tan desigual?

• Porque los demás países no son tan ricos como los de América. Por ejemplo, España.

• PORQUE EN LOS PAISES GRANDES HAY POCA POBLACION Y EN LOS PAISES CHICOS SOBRA POBLACION.

• Porque los países menos industrializados se van de compras a los que son más industrializados.

• Debido a que la distribución europea no está muy desarrollada; es decir, porque está más bien desequilibrada.

• La población europea está igualmente repartida que en otros países. Tiene 270 millones de habitantes por metro cuadrado.

Principales producciones europeas

• Europa tiene una ganadería porcina, *mulina* y *burrina* muy desarrollada.

Los bloques políticos

• Unos son democráticos y otros políticos, pero pertenecen también a la OTAN. También pertenecen a la OTAN los de Suiza y los pertenecientes a la OTAN.

• Suiza pertenece al Pacto de Varsovia.

• Los bloques políticos están formados por los países nórdicos y países meridionales. Los países nórdicos se encuentran en la parte oriental y los meridionales en la occidental. La *Ur* es un país nórdico.

• Hay personas que *cuyas cuales* la mayoría son comunistas y además pluralistas, *cuyas cuales* de ellas pertenecen a la OTAN, pero no a la organización militar *pato* de Varsovia.

La CEE

• La CEE significa democracia democrática (casi) y todos los de la CEE no pertenecen *al OTÁN*.

• El objetivo que busca la CEE es conseguir a largo plazo una *indenización*.

• En el partido europeo (la CEE) hay gran industrialización minera. Los ríos son caudalosos. La industria minera está muy elevada.

• La *finalidaz* de la CEE es que vaya a votar más gente a las urnas; es decir, a la OTAN.

• La CEE pretende conseguir una completa emigración.

• LA CEE SIGNIFICA CENTRO ECONOMICO ESPAÑOL, EL CUAL ES DONDE SE EXPORTAN E IMPORTAN LOS ALIMENTOS DE UN PAIS A OTRO. COMO, POR EJEMPLO, CUANDO NUEVA ZELANDA EXPORTA PESCADO A FRANCIA, PUES EN EL CENTRO ECONOMICO ESPAÑOL SE ENCARGAN DE ESO.

El COMECON

• El COMECON es una industria que comercializa con toda Europa.

• Su propósito es tener un gobierno libre y crear una maquinaria al aire libre.

• Los países que lo forman no persiguen la integración *policíaca*. Los que forman el COMECON no buscan tampoco un lugar alto en la política.

• Se creó con la URSS. Los países miembros son: Consejo de Asistencia y Economía Mutua.

• El COMECON fue fundado por los Estados Unidos. Uno de sus objetivos es que la renta de los agricultores se vaya poblando más.

• El COME CON es abundante.

• La capital de Cuba es Moscú y el COMECON.

• LA FINALIDAD DEL COMECON ES QUE TODOS SUS PRODUCTOS SE VENDAN EN LAS CARRETERAS COMARCALES SIN SER PRIVATIVAS DE UNAS Y OTRAS MAS O MENOS.

• España pertenece al COMECON.

GEOGRAFIA FISICA DE AMERICA

Las costas de América del Norte

• Las costas de América del Norte están muy desarrolladas. También hay algunas costas subdesarrolladas, como Bélgica y Bulgaria. Hay también algunas costas turísticas, como Haway y Sahara.

• Las costas de América del Norte pueden dividirse en dos sitios: Alaska y Canadá.

• En América se distinguen unas costas muy recortadas y unas islas muy separadas. En América no hay accidentes importantes, pero sí en California.

• LAS COSTAS DE AMERICA SE DIVIDEN EN LA DE ARRIBA, EN LA DEL MEDIO Y EN LA DE ABAJO.

• América, en sus costas, se divide en la América de Colón y en la de los otros.

El relieve de América del Norte

• La franja occidental es abrupta y accidentada, ya que está rodeada de las Montañas *Robustas*.

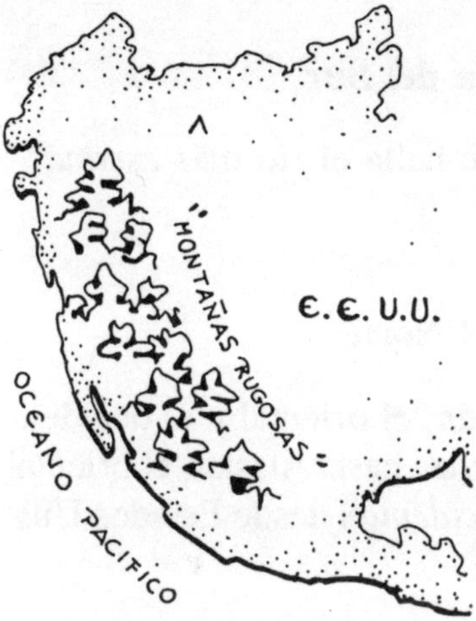

• La franja occidental está accidentada por las Montañas *Rugosas*.

• Tiene un relieve muy variado. Hay montañas en el Norte, en el Centro y en el Sur.

El relieve de América Central

• Las principales zonas del relieve de América Central son: el clima mediterráneo, el clima atlántico y no sé el otro.

• El relieve tiene un clima de lluvia casi al año. Invierno todo él, verano casi nada y una flora casi sin vegetación.

El relieve de América del Sur

• América del Sur tiene un relieve muy recortado, como por ejemplo, en América del Sur el clima es tropical.

• Tiene un relieve que es tropical porque está bañado por cantidad de ríos.

La hidrografía de América del Norte

• América tiene muchos ríos que son importantes y hay otros que son bajos y arenosos.

La hidrografía de América del Sur

• En América del Sur se halla el río más *escandaloso* del mundo.

Los climas de América del Norte

• Son el clima *continentán*, el oriental y el occidental. El *continentán* llega de Suiza hasta Alaska, el oriental desde Alaska a Rusia y el *occidentán* desde Estados Unidos a Canadá.

Los climas de América Central

• Tienen un clima tropical y abunda la cabra, el cerdo, etcétera.

• Es casi totalmente tropical, ya que tiene un solo clima que es todo o casi tropical.

• El clima es caluroso y no frío. Hace calor en verano y frío en invierno. También en la Sierra Madre hace calor y frío a la vez.

Los climas de América del Sur

• Los climas que tienen son saludables para la salud.

• EL CLIMA TROPICAL DE AMERICA DEL SUR SE EXTIENDE DESDE EL FINAL DE AMERICA CENTRAL HASTA UN POCO MAS ARRIBA DE AMERICA DEL SUR DEL NORTE. ES DECIR, DE NORTE A SUR Y DE ESTE A OESTE.

GEOGRAFIA HUMANA Y ECONOMICA DE AMERICA

Características de la población anglosajona

• Esta población puede ser religiosa y está el francés, el catalán, el inglés, etc.

• Hay negros, mestizos y *apalaches* y están mal repartidos en muchos países.

• América anglosajona es un país e Iberoamérica es una ciudad de América anglosajona.

• EN AMERICA ANGLOSAJONA EL CRECIMIENTO ES VEGETATIVO Y EN LA OTRA EL CRECIMIENTO ES NORMAL.

• AMERICA ANGLOSAJONA TIENE MAYOR NUMERO DE HABITANTES E IBEROAMERICA MAYOR NUMERO DE POBLACION.

• América anglosajona tiene grandes industrias y sólo tiene grandes ciudades. En cambio, Iberoamérica tiene a veces algunas compañías con riqueza y otras con pobreza.

Razas, religiones y lenguas de la América anglosajona

- Las religiones son la lengua castellana, que se extiende por Japón. Religiones pueden ser de habla *flancesa*, inglesa y portuguesa, que son todos países de restos.

- Las religiones americanas, como la lengua castellana, se extienden desde Japón a China.

Características de la población de Iberoamérica

- La población de Iberoamérica está en escasez de vías de desarrollo y por eso es pobre.

- Esta población es muy lenta y la raza predominantes es la racial con mestizaje.

- La América anglosajona consta de dos ciudades, que son Estados Unidos y Canadá. Iberoamérica consta de los demás países del continente y tiene los mejores habitantes.

- Canadá y Estados Unidos son unos países que en la economía están muy bien. Lo mismo pasa con Iberoamérica. Lo que pasa es que en el sector primario trabajan los hombres.

> • LA ECONOMIA DE IBEROAMERICA EN ANGLOSAJONA ESTA BASADA EN CASI TODO O TODO, SEGUN.

• ES RAPIDO EL REPARTO DE LA POBLACION Y ES MUY DESIGUAL Y DEPENDE DE TRES COSAS: COSTA ORIENTAL, COSTA OCCIDENTAL Y LAS RELIGIONES DE LOS LAGOS GRANDES.

Razas, religiones y lenguas de Iberoamérica

• Las razas de América ibérica son blancas y las religiones son raras.

• LA LENGUA ES MAS O MENOS EL ESPAÑOL, PERO UN POCO MAS DIFICIL.

• La religión que más se persigue en Iberoamérica es la católica.

Recursos naturales, agricultura y ganadería de América anglosajona

• En América anglosajona existen plantaciones de ganadería vacuna.

• En Estados Unidos hay dos millones de habitantes por cada km² de terreno.

• La América anglosajona es poderosísima. Tiene de todo. Tiene mucho maíz, trigo, petróleo, coches, televisores, *ordeñadores*, etc. Es decir, casi como los demás países.

Recursos naturales, agricultura y ganadería de Iberoamérica

- Iberoamérica está formada por países y continentes.

- En América de Iberoamérica la agricultura es mayormente arroz. Y respecto a la ganadería, América de Iberoamérica disfruta de unas condiciones fantásticas del ganado.

- Iberoamérica no está estructurada y es un sector pequeño, industrial y forestal. Y *anglosajonia* está más y se trabaja más en las ciudades. Las más importantes: Europa Central.

• IBEROAMERICA TIENE UNA CARRETERA.

Industria y comercio de Iberoamérica

- En Iberoamérica, donde más comercio hay es en Estados Unidos, Japón y Europa.

AFRICA

Descripción general. Las costas

- Las costas de Africa están formadas por llanuras.

- Las costas son accidentadas por el oeste y este de

Africa, por eso viven más gentes en estos sitios, menos cerca del centro, donde hace mucho calor y allí viven los negritos o indígenas.

• Son de relieves llanos. Africa carece de grandes costas.

• SE PUEDE DECIR QUE NO HAY COSTAS EN AFRICA. AFRICA ES UN PEQUEÑO CONTINENTE.

• La costa de Africa es: el pico más elevado de la Tierra, el *Evereste*.

• Tiene pocos *acidentes*, siendo el más importante el cuerno que sale por el Oeste.

El relieve

• Africa es el continente más *despierto* de la Tierra. Su relieve está formado por macizos montañosos y algunas montañas.

• El relieve africano es muy caudaloso.

La hidrografía y el clima de Africa

• Los ríos africanos van más rápidos que las cascadas.

• LOS RIOS SON EL CONGO Y EL LIMPOPO, QUE QUIERE DECIR QUE ESTA CUAJADO DE COCODRILOS. OTRO RIO ES EL NILO, QUE DESEMBOCA EN JERUSALEN, Y EN EL CONGO HAY MUCHOS NEGROS.

Clima y vegetación

• El clima de Africa es tropical por arriba, ecuatorial por el centro y el desierto por casi todos los desiertos.

• Africa tiene todos los climas metidos en el ecuador.

• El clima ecuatorial es muy seco, por eso sólo llueve de vez en cuando, y sólo por la noche.

La población

• La población de Africa es poco poblada.

• Donde más personas hay es en el *coño* Sur y en Guinea.

• Gracias a los avances sanitarios se ha conseguido un centro demográfico y la recolección de alimentos.

• Africa es un poblado pequeño y por cada niño que nace mueren también otras personas.

• Africa es un continente bastante pequeño, aunque la población es esencialmente elevada.

• Las características de la población africana son los habitantes que tiene.

• Está muy desarrollada y la mayoría son blancos y negros y hay aún tribus por lo largo del cauce del río Nilo, que es donde se encuentran grandes *estáreas* de tierra y árboles a lo largo del río. También tiene muchos afluentes por donde también corre el agua.

• La población de Africa está poco poblada, menos en la región del Amazonas.

• La población de Africa está menos poblada que la de Asia; es decir, 76 millones de habitantes por cada km^2, gracias a los alimentos que se han producido en la población democrática.

Razas, lenguas, religiones y culturas

• La raza negra está extendida en Africa por la India. El clima de Africa se extiende mucho por Africa.

• Las razas más importantes de Africa son de origen asiático.

• Un idioma que se habla muy bien en Africa es el árabe.

• En algunas partes de Africa aún se practica una religión *animalista*.

La economía

• La economía es muy pobre y, aunque son países subdesarrollados, cada vez hay más mortalidad por la economía y por el clima que es tan caluroso.

• Esta economía es muy minoritaria, en la que se destacan las grandes muertes por causa de enfermedades, hambre, sed y muchas fatigas.

• La economía de Africa es de poca escasez.

• Africa tiene una economía que es muy escasa, gracias a la escasez de población.

• Africa, en su agricultura está muy bien; pero en la ganadería, no, porque faltan.

• Africa es un país subdesarrollado porque tiene que ganarse la vida trabajando. Sus principales industrias son: el petróleo y el hierro.

ASIA

Descripción general. Las costas

• Son muy caudalosas y se interrumpen con ríos y cascadas.

• ALGUNAS COSTAS SOLO SE VEN CUANDO ESTAS CERCA DE ELLAS.

Hidrografía

• La hidrografía de Asia está muy desarrollada. Hay grandes ríos y lagos, como pueden ser: Michigan y otro río puede ser el *Madalascar*.

• La hidrografía asiática es muy densa, con muy poco espacio para la navegación y la pesca marítima.

• Los ríos ecuatoriales de Asia permanecen helados por el invierno.

• En la hidrografía de Asia abundan las cordilleras y bastantes mesetas.

• Son caudalosos y permanecen congelados en invierno y se alborotan en primavera.

La población

• Tiene muchos habitantes y tiene más chinos que los que son de Asia.

• Es muy pobre, *lla* que casi toda la gente joven que nace *mure* de viejos. Su empeoramiento es debido a los saneamientos.

Lenguas, razas, religiones y culturas

• Una religión de Asia muy importante es el *confecionismo*.

• La religión más antigua es la Etiopía, pero se habla el protestante y en otros países el animismo.

• En Asia predominan dos religiones: el hindú y el hinduismo.

La economía

• AQUI NO HAY ECONOMIA, PUES LAS PERSONAS SE MUEREN DE HAMBRE.

OCEANIA

Costas de Australia

• Sus costas son rectilíneas, con muchos accidentes. Miles de personas australianas emigran en busca de fama, trabajo y dinero.

La población

• Casi toda la población de Oceanía es de régimen europeo.

• En Oceanía crecen o nacen muchos niños y crecen muy rápido y no hay muchas muertes durante el período de un año.

• La población de aquí es muy emigratoria y poblada.

• Oceanía tiene una población más baja que las diez mil islas restantes que la habitan. Los habitantes de Oceanía se habitan en Australia y Nueva Zelanda.

• Aunque Oceanía es un continente, está muy habitado y su población es muy meritoria.

• EN OCEANIA LA POBLACION ESTA MUY MAL SITUADA.

• OCEANIA ES EL CONTINENTE MENOS POBLADO PORQUE LOS QUE VIVIAN ALLI SE FUERON A OTRO SITIO.

• Oceanía es un país muy bajo al lado de los demás países.

• La población de Oceanía está en baja debido a una o dos condiciones generales.

Religiones, lenguas y culturas

• Australia tiene una tribu que son hombres raros.

Historia antigua y medieval

LA PREHISTORIA

Prehistoria. Definición

• Era una ciencia que estudiaba las piedras antiguas. También se preocupó mucho porque el hombre, al principio, comenzó andando a gatas.

• La Prehistoria fue la época prenatal del hombre.

• Es el larguísimo período que va desde los primeros testimonios escritos hasta las primeras escrituras.

• Los prehistóricos practicaban una agricultura rupestre.

El Paleolítico

• En el Paleolítico Superior el hombre de Neanderthal andaba sobre las dos manos.

• LOS HOMBRES PREHISTORICOS VIVIAN A BASE DE LAS MULTINACIONALES.

• El Paleolítico Inferior caminaba subido sobre sus pies.

• El Paleolítico es el hombre más antiguo y más largo de la Prehistoria, que va desde su comienzo hasta que los grupos comenzaron a construir sus propios alimentos. Uno muy importante fue el menhir.

• Durante el Paleolítico los hombres eran ya muy buenos ciudadanos.

• La vida en el Paleolítico era muy antigua, y en el Neolítico más vieja.

El Neolítico

• El Neolítico es el período de la piedra que se pinchaba en el suelo.

• En la vida en el Neolítico los hombres se vestían de una forma diferente a otras vidas. Los vestidos que tenían eran vestidos hechos de paja de color amarillo y cazaban animales para comérselos. Los trajes se los hacían ellos mismos y también de paja.

• Durante el Neolítico vivió el hombre de Neanderthal, que tenía ya una altura básica.

• Tras haber encontrado a la agricultura y la ganadería, el hombre se *sedimentó*, por lo que se encontraron los primeros pueblos estables. Entonces, el hombre empezó a domesticar animales; por ejemplo, la ganadería.

• El Neolítico era una ciudad de piedras en época de los romanos.

• El Neolítico era una ciudad rica que tenía unas ferias grandísimas y por eso se hizo famosa. También empezó a *precipitarse* un pueblo llamado trueque.

• Durante esta época vivían los famosos de la Prehistoria más antigua.

• El Neolítico del hemisferio sur era una vida muy católica. El rey era el que fabricaba algunos metales y sus armas con piedras y les quedaban muy bien afiladas.

• El ser Cro-Magnon caminaba ya fijo en esta época.

• En el Neolítico se descubrió la agricultura que tuvo mucho éxito. Pero también hubo una cosa curiosa: los hombres se empezaron a cambiar las cosas y a esto lo llamaron trueque.

Diferencias entre la vida del hombre paleolítico y la del hombre neolítico

• Pues que en el Paleolítico aparecieron algunos hombres y en el Neolítico las fieras.

• Los neolíticos se refugiaban al aire libre y los paleolíticos en otros sitios.

• En el Paleolítico los hombres hacían sus armas de madera y piedra. Algunos inventos suyos fueron: el comercio, las armas, las cuevas y los abrigos.

• En el Paleolítico se andaba muy mal y en el Neolítico, mejor, porque ya llevaban alpargatas.

• En el Paleolítico los hombres caminaban sobre sus pies y se parecían a los monos, igual que nosotros. También empezaron a pulir las piedras y a practicar deportes como la caza y la pesca.

La Edad de los Metales

• Los primeros metales utilizados por el hombre fueron el metal y el hierro.

• Los pueblos de Oriente hicieron comercio porque vinieron unos turistas vendedores y la gente empezó a venir.

• Los pueblos hicieron el comercio porque en la Edad de los Metales se fabricaba el trueque.

El Arte en el Paleolítico

• En la Prehistoria había bastante arte prehistórico, como teatros o anfiteatros, y hacían también esculturas, como son el Neolítico Inferior.

• Las pinturas levantinas eran muy feas, no tenían importancia y no servían para nada.

El Arte en el Neolítico

• El arte prehistórico era muy histórico. Empezaron a salir los *dinosauros* y animales gigantes nunca vistos. Era increíble.

Los monumentos megalíticos

• Servían para embellecer el paisaje.

• Eran adornos que ponían en las cabezas de los dioses.

LOS EGIPCIOS

¿En qué influyeron las ideas religiosas de los egipcios?

• En el Credo.

• En el clima.

• En la inmortalidad de la muerte de otros.

Situación geográfica de Egipto

• Herodoto llamó a Egipto «don del Nilo», porque Nilo luchó, venció y desapareció.

LA CIVILIZACION GRIEGA

Atenas, la polis democrática

• Grecia se dividía en griegos y en polis.

• La ciudad Atenas era una ciudad privilegiada; es decir, que los habitantes que había eran trabajadores.

• Atenas estaba situada en la península *iBérica* y era la capital de Roma.

• En Atenas, los hombres se dedicaban a la huelga, mientras los esclavos trabajaban.

• Atenas fue un emperador que gobernaba en Roma. Más tarde lo mataron para ceder el reino a otro que no fuese emperador.

• Los atenienses derrotaron a los visigodos y los echaron de Francia. Luego, gobernaron en Europa durante más de cien siglos.

• Atenas fue fundada por César *octavo a gusto*.

• La democracia ateniense era *votánica*; es decir, elegía a sus representantes con votos.

• Los hombres atenienses estaban obligados a hacer mucho deporte y a estudiar también, aunque menos.

• Las mujeres griegas llevaban las tetas por *fuera*. Y los hombres, también.

Esparta, la polis democrática y militar

• Esparta era un hombre muy valiente que descubrió muchas ciudades. Esparta se enfrentó a muchos romanos y cartagineses. El era griego y tenía un ejército. Esparta fue uno de los más valientes en su país. Se murió descubriendo la Península porque los romanos estaban mejor armados que los griegos, y Esparta se descuidó y por eso lo mataron.

• Los espartanos fueron grandes luchadores pero, poco a poco, murieron.

• Esparta era muy grande y allí había mucha gente importante. La gente que estaba allí era muy rica. En las puertas de los castillos había muchos guardias. Esos guardias estaban allí para que no entrara nadie sin permiso. Si los guardias dejaban entrar a alguien sin permiso del rey, el guardia que fuera quedaba arrestado y se le caía el pelo, como en la mili.

• Esparta era un conjunto de pueblos donde había muchas personas.

• Los campesinos espartanos estaban obligados a defender la comida mientras otros hacían costura y los deberes.

Las Guerras Médicas

• No recuerdo nada de las guerras con los médicos.

• Antes no había casi nada de medicinas, hasta que se inventaron, y moría mucha gente.

Alejandro Magno y el Helenismo

• Alejandro Magno inventó el turismo y fue un hombre famoso y rico.

• Alejandro era un coronel del ejército griego que desencadenó varias batallas, llamadas Helenismo.

• El quería conquistar España, pero por el camino se le murieron muchos elefantes y soldados y no pudo hacerlo.

• Alejandro luchó contra el Helenismo hasta ser derrotado pero, finalmente, Alejandro fue derrotado por los musulmanes en la última batalla de Guadalete.

• Hizo Alejandro un castillo y tuvo que cruzar los Pirineos con caballos, camellos y elefantes. Muchos se le murieron, pero él llegó triunfante y sano.

• Alejandro era un hombre al que le gustaba la pintura y hacer figuras. Se hizo famoso por eso. Un cuadro suyo es el Helenismo.

• Alejandro Magno fue el último rey de Granada que derrotó a los persas en la batalla de Covadonga.

La cultura griega

• Los ciudadanos se dedicaban a hablar de la política, mientras que de literatura y de química no se hablaba y fue aumentando.

• Las ciencias fueron importantes en Grecia porque los griegos eran muy desastrosos y hacían trabajar a los esclavos mientras ellos se dedicaban a la vagancia. Y porque el Helenismo era su religión.

• LA CULTURA GRIEGA FLORECIO TANTO PORQUE LLOVIO MUCHO POR AQUEL ENTONCES.

LA CIVILIZACION ROMANA

Orígenes de Roma

• Los romanos fueron fundados por una loba que tuvo a dos hermanos. Luego, uno mató al otro con un arado porque dio un salto de una parte a otra.

• UNOS MIL AÑOS ANTES DE EXISTIR SE APARECIO UN HOMBRE POR UNOS CAMPOS Y DIJO QUE CAMBIARIA EL PUEBLO CASANDOSE CON LA HIJA DEL JEFE. DESPUES SE CASARON Y TUVIERON HIJOS Y FUERON FELICES ASI.

La expansión territorial de Roma: la conquista de Italia

• LA EXPANSION DE ROMA SE HIZO ASI: LA CONQUISTA DE ROMA ENTERA, LA CONQUISTA DE PARTE DE ROMA Y LA CONQUISTA DE MEDIA ROMA.

• Roma era una ciudad situada al norte de siete colinas. Era una ciudad muy conocida por los romanos.

• El último emperador fue Rómulo *Augústuto*, que fue destituido y gobernó libremente en la democracia que trajo Pericles.

• Roma estaba entre tres colinas. Tuvo muchos emperadores porque o morían de viejos o los asesinaban.

• Roma es una ciudad situada al suroeste de España. Fue una ciudad batalladora. Tuvo varios enfrentamientos de guerra. Guerrearon y ganaron algunas batallas. Estaba partida en varias ciudades. Tenía un gran ejército y sus armas eran de hierro y de madera. Tenían en el escudo unos dibujos y durante la batalla no podían huir sin el escudo y al que huyera podía costarle caro, porque su madre le pegaba.

• Roma era una ciudad subida entre siete colinas. Tenía un ejército numeroso. Ahora, Roma es un monumento encontrado en varios sitios, como Mérida.

• Era una ciudad romana rodeada por siete colinas y gobernada por una región llamada *látines*.

Expansión territorial de Roma: la conquista del Mediterráneo

• Los cartagineses lucharon con los romanos en la primera fase. En la segunda tuvieron que repetir y la tercera terminó sola. Por eso, los romanos conquistaron la

Península, que terminó en romanización. La romanización fue ganada por los cartagineses y por eso aún quedan calzadas, puentes, etc.

• CARTAGO FUE UN REY, PADRE DE ANIBAL, QUE GANO A LOS ROMANOS EN LA BATALLA LLAMADA MARE NOSTRUM.

La decadencia del imperio. La caída de Roma

• Roma se cayó cuando llegaron los bárbaros de las barbas.

• En el siglo III, los romanos lucharon contra los persas. Lucharon y mucho contra ellos, pero por más que quisieron luchar contra ellos para vencerles los persas les derrotaron.

• La decadencia fue grande, pero luego recuperaron.

• Entre los romanos, la decadencia fue muy larga. Los romanos eran muchísimos romanos, pero fueron derrotados por Termópilas en la guerra con Peloponeso.

El gobierno de Roma. El Senado

• La sociedad romana estaba formada por los socialistas y por los demócratas de Pericles.

• En el Senado había gente noble y rica. Los nobles tenían más riquezas, pero cuando tenían que comprar algo elegían a los ricos porque iban mejor vestidos.

• El Senado era uno de los grupos que formaban el gobierno de Atenas y eran gobernadores de Roma.

La sociedad romana

• ERAN DOS GRUPOS QUE COMPONIAN LA O.

• La sociedad era un grupo de ancianos en un ejército.

• La democracia de *Polis* iba bajando poco a poco, conforme iba pasando el tiempo.

• En Roma, la sociedad estaba constituida por la agricultura y la ganadería.

El derecho romano

• La ley de las Doce Tablas era lo que Dios había mandado al hombre por medio de Moisés.

• Los romanos tuvieron doce tablas para escribir sus leyes, pero no más.

ESPAÑA: DE LOS PRIMEROS POBLADORES A LA ROMANIZACION

Los primeros pobladores: iberos y celtas

• Los pueblos peninsulares eran Esparta, Atenas, Grecia y España. Los pueblos peninsulares porque estaban al lado de la Península.

• Los primeros pobladores de la Península eran los conquistadores. Habían conquistado China por el este y a España por el oeste. Luego, empezaron a conquistar otros pueblos colonizadores.

• Los primeros pobladores históricos de la Península fueron los primates.

• Los iberos eran unos pueblos que vivían en un pueblo y eran medio ricos y medio pobres. Tenían buenas armas y querían conquistar y domesticar a algunos *pueblecinos* que había por su territorio. Lucharon contra los griegos y fundaron unos pueblos.

• Los iberos eran los primeros pobladores, llamados griegos y altos.

Los pueblos colonizadores: fenicios y griegos

• LOS FENICIOS ENSEÑARON A LOS PUEBLOS DE LA PENINSULA LAS GUERRAS Y BATALLAS. IBAN POR TODA ESPAÑA CON SUS GLADIADORES. TODO ESTO OCURRIO EN UN SIGLO.

• Los fenicios nos enseñaron a defendernos para cuando hubiera lucha entre un pueblo y otro, y a ser valientes. Había algunos en Málaga, Almería, etc.

• Los fenicios enseñaron a los pueblos de España la moneda, la *salvación* del pescado y el alfabeto.

• Los principales pueblos colonizadores fueron Grecia, Roma, España y otros pueblos con los que no contamos.

• LOS FENICIOS DESEMPEÑARON EL PAPEL DE LADRILLOS EN EL MUNDO ANTIGUO.

• Los fenicios nos enseñaron el alfabeto pedregoso.

• Los griegos fundaron en la Península : Asia Monzónica, Europa y no sé más.

• Los griegos fueron los que conquistaron gran parte de la península *arabiga*, aunque fue Mahoma quien la conquistó entera.

• Los griegos descubrieron algunos monumentos, luego los transformaron y los restituyeron.

• Los griegos eran unos indios muy ricos que tenían muchos esclavos y ciudades importantes.

• Los griegos trajeron a España la moneda, el alfabeto y la insolación del pescado. También enseñaron a *talar* las piedras y a gobernar.

Los pueblos conquistadores: Cartago y Roma

• LOS CARTAGINESES TUVIERON UN SARGENTO MUY FAMOSO LLAMADO ANIBAL. •

• Entre los pueblos conquistadores había uno que era España.

• Los conquistadores de la Península fueron los cartagineses, porque los romanos primero conquistaron la Península, pero vinieron los cartagineses y se cargaron a los romanos. Entonces, los cartagineses conquistaron toda la Península Ibérica que faltaba. Y algunos pueblos se fueron a vivir a la Península.

> • LAS FASES DE CONQUISTA ROMANA FUERON... NI PUTA IDEA.

• Viriato fue un pastor que apareaba sus ovejas contra los romanos.

• Cuando Aníbal cruzó los Alpes, un ejército romano invadió la Península al mando de Ampurias.

• El general Aníbal era muy importante. Tenía muchas propiedades y muchas tierras. Las tierras estaban alrededor de los castillos.

> • ANIBAL ERA UN GENERAL. UNA VEZ FUE A ATACAR A LOS ROMANOS. LOS ROMANOS SE ENTERARON Y UNOS DECIAN QUE ANIBAL VENIA POR ARRIBA, LOS OTROS POR ABAJO, OTROS POR EL LADO Y OTROS POR EL OTRO LADO. PERO SE PRESENTO POR LOS PIRINEOS.

LAS INVASIONES GERMANICAS

Los principales reinos germanos

• Entre los principales reinos germanos que invadieron el Imperio romano, estaban: los *guevos*, los vándalos y los alanos.

Formación del reino visigodo en España

• Los visigodos vinieron a España para hacer cosas y otras cosas más.

• El reino visigodo era muy señorito. Tenían sus castillos tapados para que cuando vinieran a atacar no entrara nadie, y *asín* estaban seguros.

• LOS PRIMEROS VISIGODOS EN ESPAÑA FUERON LOS MAS FAMOSOS, PUES PARA UNA VEZ QUE ESTUVIERON EN ESPAÑA LES GUSTO Y LA MAYORIA DECIDIO QUEDARSE.

• Los visigodos amaban a España por sus fiestas y su vino, aunque en aquella época la vida era un poco difícil, y más para los esclavos.

• Los visigodos en España se asentaron en Italia.

• EL REINO VISIGODO DURO MUY POCO, PORQUE LE TUVIERON QUE DAR LA LLAVE DE GRANADA A LOS GRIEGOS.

• Cuando llegaron los visigodos a España, tuvieron que luchar con los *guevos* de Galicia.

• Los visigodos vinieron a España para conquistarla. Hubo una guerra entre los visigodos y los de España, con lo cual vencieron en la batalla los visigodos. Los visigodos se quedaron con todo lo que había, menos con una ciudad. En esa ciudad habitaban personas. Los visigodos intentaron entrar, pero los habitantes de esa ciudad se mataron, con lo cual, los visigodos no pudieron conquistar nada.

• PARA LOS VISIGODOS FUE MUY FACIL APODERARSE DE ESPAÑA PORQUE NO HABIA NADIE EN ELLA CUANDO LLEGARON.

• Los visigodos en España venían a intercambiar; es decir, a juntarse unos con otros.

• Los visigodos estuvieron mucho tiempo en España: hasta que vinieron los romanos y los echaron. El rey visigodo, entonces, entregó las llaves de la ciudad a los Reyes Católicos.

• Los visigodos llegaron a España y era un pueblo que vivió muchos años en España, pero se tuvieron que ir porque llegaron más pueblos y no cabían ya.

• Los visigodos en España fueron los que lucharon contra los fenicios para ver quién conquistaba España. Lo consiguieron los fenicios que, como digo, trajeron a España la riqueza. En el Neolítico estaba también la Edad de los Metales.

• El pueblo de los visigodos luchó contra España y al ver cómo era España, se quedaron. La lucha fue mientras estaban dormidos y los enemigos los atacaron.

• *Leo Vigildo* consiguió la unidad *terrateniente* de los *visigoticos*.

La sociedad hispanovisigoda. El *Liber Iudiciorum*

El *Liber Iudiciorum* era:

- ...EL SECRETO DE LOS ROMANOS.
- ...LA LIBERTAD.
- ...UN LIDER QUE ERA ELEGIDO POR LOS DEMAS.
- ...UN CAUDILLO O JEFE DEL PUEBLO LIBRE.
- ...UNA FORMA DE LLAMAR LA ATENCION.
- ...UN LIDER POLITICO.
- ...UNA CORONA QUE SE PONIA EL REY.
- ...EL PICO DE UNA MONTAÑA *O LIMPO* DONDE ESTABAN LOS DIOSES.
- ...QUE LIBERABA A PERSONAS QUE NO DEBIAN ESTAR PRESAS.
- ...COMO UNAS PIEDRAS GRANDISIMAS.
- ...UN RIO QUE PASABA POR ALLI.
- ...LA EXPULSION DE LOS PUEBLOS DE LA PENINSULA POR LOS ROMANOS.
- ...DONDE SE DABAN CONFERENCIAS; ES DECIR, LA CASA DEL PUEBLO.

La sociedad hispanovisigoda. Los fundos

Los fundos eran:

- ...EL TRAJE QUE LOS GUERREROS SE PONIAN PARA LUCHAR.
- ...LUGARES DONDE SE PONIA A LOS MUERTOS.
- ...LATIFUNDIOS.
- ...UN TERRENO CON LADRILLOS.
- ...DONDE SE FABRICABA LA ARTESANIA Y EL COMERCIO.

EL ISLAM. LOS MUSULMANES EN ESPAÑA

El origen del Islam: Mahoma

• PARA GANARSE LA VIDA, MAHOMA SE DEDICO A CAMELLO.

• Según Mahoma sólo había un dios llamado *Alis*.

• Mahoma era judío, y a la vez, religioso.

• Mahoma nació en La Meca, ciudad de *Carabia*. Su padre murió al nacer y su madre cuando tenía seis años. Realizó muchos viajes, en los que conoció las religiones cristiana, judía y mahometana. Luego, empezó a recitar su religión por La Meca, llegando hasta Medina.

• Mahoma empezó a predicar diciendo que Alá era su dios y él su *protesta*.

• Mahoma fue huérfano de una infancia.

• MAHOMA ERA UN PASTOR LUSITANO.

• La Meca fue la ciudad donde Mahoma predicó la doctrina cristiana.

• Mahoma nació en Islam de joven y se dedicó a comerciante.

• Este señor era un mercader de mercancías. Su religión era aristocrática.

• Era camellero y cuando se casó con la hija de su jefe pudo dedicarse a la religión total.

• Mahoma dejó los camellos para meterse al negocio de las religiones.

• Fue un legislador de la Península que nació en La Meca. El *Coral* era el libro sagrado de esa ciudad. En la guerra, Mahoma se fue huyendo de ella.

• MAHOMA FUE UN SEÑOR MUY CONOCIDO POR TODOS, QUE TUVO QUE HUIR DE LA MEZQUITA DE CORDOBA PORQUE LE ACUSABAN DE REVOLUCIONARIO.

• En su juventud, fue camionero *revolucionista* y cuando lo persiguieron por ser dios de los musulmanes, se refugió en Medina del Campo.

• Mahoma es muy trabajador, aunque no lo parezca. Después se casó y Mahoma empezó a reproducir la religión islámica.

• Predicó el Islam y lo inventó.

• Mahoma también era cristiano, aunque no creía en Alá.

• Mahoma dirigía un carro mientras iba de un lado a otro predicando.

• MAHOMA ERA UN CHICO QUE ESTUDIABA RELIGION Y SE LA DABA A LOS DE SU PUEBLO DESPUES. CONOCIO A UNA JOVEN Y RICA MUCHACHA Y CON SUS RELACIONES SE CASARON. MAHOMA YA PODIA TENER LO QUE ESPERABA Y SIGUIO DANDO CLASES DE RELIGION.

• Mahoma se lió con los camellos en las caravanas.

Los musulmanes en España: Al-Andalus, provincia de Damasco

• Los musulmanes fueron a refugiarse a España para luchar contra algunos árabes. Los persas huyeron hacia Atenas para refugiarse también allí.

• Los musulmanes entraron en España porque conquistaron con los cristianos. Los musulmanes tenían mucha más *resitencia* que los cristianos y los cristianos lucharon y lucharon, y no podían conquistar con los musulmanes, y se rindieron. Entonces los musulmanes se quedaron en España.

• LOS MUSULMANES, AL VER QUE LOS ESPAÑOLES ESTABAN FOFOS, SE QUEDARON.

• Los musulmanes vinieron a España para salvar su economía. Los musulmanes y España hicieron un gran comercio en toda España y tiene dos períodos: los villanos y los esclavos. Los esclavos vivían al lado de Jesús en el castillo y trabajaban sus tierras.

• Los musulmanes llegaron a España para luchar contra *los Rodrigos*.

• Los musulmanes vinieron a la Península porque los árabes venían detrás de ellos.

• LOS ARABES VINIERON A ESPAÑA PARA BUSCAR A MAHOMA, AL QUE NO ENCONTRABAN.

• Vinieron para conquistar la península itálica y a los romanos.

• Los musulmanes entraron en España y llegaron al norte. Entonces, todos los del norte se refugiaron entre los montes y de Francia salieron los árabes y expulsaron a los musulmanes.

Los musulmanes en España: El emirato de Córdoba

• Los musulmanes estuvieron en la Península, pero no llegaron a ella.

• A la muerte de *El Andalús*, los reinos de taifas se quedaron con sus riquezas.

• El emirato de Córdoba fue un señor de Córdoba muy conocido en esa zona.

• El emirato era un señor que administraba tierras y las arrendaba a los campesinos.

• El emirato de Córdoba era un señor que cobraba los impuestos, la comida, etc., de toda Córdoba. Después, los otros emiratos les invitaban a comer y después de matarlos pasaban a ocupar su puesto y así *continuadamente*. El emirato era elegido según los voluntarios por un consejo, aunque había pocos voluntarios, porque algunos *abaricios* los mataban para ver si los elegían a ellos.

Los musulmanes en España: el califato de Córdoba

• EL CALIFATO DE CORDOBA ERA UNA PIEDRA MUY BONITA QUE LOS HOMBRES DE OTROS PAISES VENIAN A VER. UN SEÑOR SE ARRANCO LOS OJOS PORQUE DECIA QUE YA NO HABIA OTRA COSA MAS BONITA EN EL CALIFATO DE CORDOBA Y POR ESO SE LOS ARRANCO.

Los musulmanes en España: fin de la dominación árabe

• Los árabes terminaron cuando dejaron a la Península sin su compañía, a la muerte del califato de Córdoba.

La economía musulmana

• En la economía musulmana se fueron *inventado* cosas como el comercio y otras cosas. Después, también se inventó la rueda.

La religión musulmana

• Los principales mandamientos de los musulmanes eran: no tomarás el nombre de Alá en vano; no matarás sin necesidad y adorarás a Alá por lo menos una vez en la vida.

• La religión de Mahoma está encerrada en Corán.

El libro donde se recogen las enseñanzas de Mahoma se llama:

- ...El isla o *corán*.
- ...El Liber Munsum.
- ...El Islam, el libro sagrado del Corán.
- ...Libro Musmorum.
- ...El Corán que está en la Biblia.

LA EDAD MEDIA EN EUROPA

Carlomagno y el origen del feudalismo

• Carlomagno fue un gran rey que tenía muchas tierras y grandes tropas que estaban rodeadas por tiendas de campaña. Los pueblos estaban llenos de caballos, de tierras y de campos.

• Carlomagno era el más franco de todos los reyes; es decir, que era el más importante franco de los nobles.

• Fue un rey muy importante y puso en cada ciudad una provincia.

• *CARLO MAGNO* ERA REY DE MACEDONIA. ANTES DE MORIR HIZO UN EJERCITO SUPERIOR A OTROS. CUANDO SE MURIO, NADIE QUERIA QUEDARSE CON EL EJERCITO.

• Carlomagno fue poniendo cada ciudad en su sitio, con un conde o un marqués *de frente*. Luego, descubrió la Marca Hispánica y luchó muchas batallas y se denominó de los mejores.

• *Carlo Magno* fue un rey de Macedonia que nació en Francia.

¿Cómo pagaban los reyes medievales los servicios que los nobles les prestaban?

• Los reyes les pagaban haciendo el servicio militar.

• En la Edad Media se pagaba con feudos, que era la moneda oficial.

• EL FEUDALISMO TENIA UNA CADENA DE DEPENDIENTES DONDE UNO PODIA SER VASALLO DE OTRO O DE SI MISMO.

• EL ACTO DE HOMENAJE CONSISTIA EN IR A ADORAR AL NIÑO JESUS.

• TODOS LOS NOBLES TENIAN LA MISMA IMPORTANCIA: UNOS ERAN NOBLES Y OTROS NO LO ERAN.

• Los nobles no tenían todos la misma importancia, porque iban como en una cadena alimenticia.

• Si el vasallo se quería casar, tenía que pedir permiso al señor. Si el señor le decía que no, pues no se casaba y se iba. Si le decía que sí, se casaban y el vasallo le prometía que iba a ser bueno y a trabajar mucho. En la Edad Media, el señor era para los vasallos como un padre, porque tenían que pedirle permiso para todo.

• Las aldeas estaban diseminadas por el castillo para defenderse mejor.

• El feudalismo era donde vivían los reyes y las personas de mucho dinero.

• El feudalismo era una paga que el señor daba a su *vasayo*.

• Feudalismo son los alimentos de unas tierras, pero no la propiedad de esas tierras.

• El feudalismo fue cuando Roma luchó contra Esparta.

La sociedad feudal

• Los nobles y vasallos eran cocineros del rey y los esclavos araban la tierra del rey.

• LA VIDA EN LOS CASTILLOS ERA DIARIA. EN EL FOSO DEL CASTILLO HABIA COCODRILOS Y TIBURONES DISPUESTOS A COMERSE A QUIEN SE CAYERA EN EL. AUNQUE ERA RARO QUE SE CAYERA EL SEÑOR. LOS QUE MAS SOLIAN CAERSE ERAN LOS SIERVOS Y LOS ENEMIGOS QUE IBAN DESPISTADOS POR ALLI.

• Las clases feudales eran: los eclesiásticos, ganadería, cerámica y etc.

Europa en la Alta Edad Media.
El señorío

• El señorío era un gran terreno que se ponía como un pequeño estadio.

• Pues el señorío es un señor vasco que vende sus tierras y después las compra. El señorío se dividía en siervos y eclesiásticos.

• El señorío era muy importante. En el señorío se criaron muchos reyes. Los pequeños reyes se peleaban mucho y, encima, entre sí. Después, el rey de Grecia entregó una llave a los cristianos, marcando así el fin de la ciudad musulmana.

• Señorío eran las personas prestadas por los nobles.

Europa en la Alta Edad Media. Las Cruzadas

> • LOS CRISTIANOS FUERON A DESCUBRIR LOS SANTOS LUGARES, PERO AL LLEGAR VIERON QUE YA ESTABAN DESCUBIERTOS Y SE VOLVIERON.

• Algunos cristianos querían descubrir los Santos Lugares para llegar antes que los turcos, pero les tenían mucho miedo y el miedo les hizo ir y venir andando.

La economía en la Alta Edad Media

• La Baja Edad Media era la más baja porque había otra que era la Alta Edad Media.

• La economía estaba muy mala. Se podía prescindir de cosas, no como ahora. Había tiendas, pero muy pocas y allí iba el mercadillo una vez en semana. Las cosas no estaban como ahora.

La economía en la Baja Edad Media

• Para vender una cosa a otro sitio tenían que ir en burros y también para trasladar la comida. Entonces se hizo como un mercadillo. Es decir, que quedaban tal día en un sitio y ellos iban y se cambiaban las cosas con pesos.

El desarrollo de las ciudades

• El desarrollo de las ciudades fue muy difícil de hacerlo y entonces quedaron en un acuerdo: que por qué en vez de vivir en casuchas no hacían unas calles y alrededor unos pisos o casas bien decoradas y bien hechas. Entonces quedaron en eso, y en esas casas empezaron a hacer comercios, tiendas, discotecas y *etcéteras*.

• DE LOS CONTINENTES E ISLAS FUERON SALIENDO, POCO A POCO, LAS CIUDADES.

• Las ciudades se hacían cuando un señor la conquistaba.

• El desarrollo urbano se produjo en la *baga* Edad Media. El origen de la *burgesía* es cuando alguien tiene que dar algo. Si, por ejemplo, las mujeres iban a coger aceitunas tenían que darle al rey la *metá* de las *acetunas*.

El origen de la burguesía

• Los musulmanes tenían un origen musulmán como el de la burguesía.

• CUANDO UN HOMBRE ERA BURGUES SE LE CORTABA LA CABEZA CON UNA PIEDRA.

• La burguesía ponía a la gente en las ciudades. Esta vez vamos a hablar de los burgueses. En Burgos se daba la artesanía, ganadería y agricultura. Era una ciudad ni muy desarrollada ni muy baja; era normal.

LA RECONQUISTA ESPAÑOLA

Núcleos de resistencia contra los árabes

• La Reconquista empezó en la batalla de la Humanidad por los Reyes Católicos.

• En la batalla de don Rodrigo, cuando los musulmanes iban avanzando los cristianos retrocedían hacia la Península y quisieron hacer frente al invasor.

• Don Rodrigo murió de una muerte casi natural.

• El año X fue un año muy atroz. Abderramán apretó fuertemente a Navarra y Almanzor puso en danza a Santiago. También hubo reparto de beneficios entre los reinos cristianos.

• Alfonso VIII fue nieto de Alfonso XII y no llegó a reinar en España.

• Fernando III le quitó el puesto a su hermano y entonces se quedó con Asturias. Asturias era un reino al que casi nunca atacaban los árabes.

• Asturias se juntó con León y así se llamó asturiano-leonés. Pero antes a Asturias se la llamaba Asturias patria querida.

• Asturias se llamaba Asturias-León porque al pasar por allí el Duero se llamaba Asturias-León.

Reino asturiano-leonés

• Los árabes, al mando de don Pelayo, conquistaron el norte de España.

• El reino asturiano-leonés era el principal de todos los reinos de Asturias-León.

• Este *rino* tenía un rey que era Sancho. Sancho tuvo tres hijos, y uno de ellos también se llamó Sancho. Sancho, el hijo, fue muy sano y valiente, y por eso se llamó Sancho el Fuerte.

> • SANCHO QUERIA CONQUISTAR EL REINO ASTURIANO-LEONES, Y COMO NO SABIA COMO ERA O DONDE ESTABA EL REINO UN PASTOR LE DIJO QUE LE SIGUIESE. ENTONCES, HABIA UN TAL CID CAMPEADOR QUE LOS IBA SIGUIENDO. IBAN SANCHO Y EL PASTOR AL REINO Y CUANDO SANCHO SE PARO A MIRAR ALGO, EL IMPOSTOR LO MATO O ASESINO, PUES NO SE SABE.

El reino de Castilla

• Fernando III fue un gran conquistador hasta que dejó de conquistar y se hizo católico.

• A la muerte de Alfonso hubo una lucha entre Pedro el Terrible y su hermano Enrique, que dio muchos regalos para que lo quisieran.

• Los Trastámara eran reyes, los más importantes de esa época. Allí todo lo que decía el rey, a hacerlo corriendo, porque si no, al calabozo.

• Fernando II quiso unificar lo que su padre no unificó, pero fue asesinado en las puertas de Zamora por un farsante traidor. Entonces, sus hermanos se unieron en un solo nombre, que fue Sancho *Rámire*.

• Sancho II era rey de Castilla que llevó muy bien a Castilla para que se juntara con Castilla-La Mancha. Luego, fue asesinado en Zamora, por lo que tuvo que dividir sus territorios entre sus hijos.

Navarra

• NAVARRA ERA UNA CIUDAD BASTANTE TRANQUILA HASTA QUE URRACA III SE CASO CON *VITIZA I.*

• Por culpa de su muerte (de Sancho III) sus hijos tuvieron que heredar las tierras conquistadas.

• Después de la decadencia militar, el rey don Rodrigo III el Religioso, que estaba en un convento, tuvo que salir y casarse con una viuda llamada doña Urraca con la que tuvo una hija llamada Petronila. El matrimonio se llevó muy mal y cada uno se fue hacia donde estaba antes.

• Cuando el califato y el taifa murieron, Sancho III se unificó y se hizo rey.

• Navarra y Aragón vencieron al califato de Córdoba en los reinos de taifas y se unieron definitivamente para ser conquistados.

• EN NAVARRA NO ACEPTARON A NINGUN REY CUANDO MURIO FELIPE. EL HIJO DE CLEOPATRA FUE A NAVARRA Y TAMPOCO LO ELIGIERON.

Los condados catalanes

• Como dijimos antes *Carlo Magno* había fundado las matemáticas con las ciudades catalanas.

• El condado de Cataluña fue gobernado por Wifredo el Velludo, que se casó con doña Urraca para que luego llegasen los Reyes Católicos.

• Petronila se unificó con Ramón IV.

• Ramón III se casó con Petronila y al morir no tuvo descendencia. Entonces, se pusieron de acuerdo con Aragón y escogieron el mismo rey para los dos.

Historia moderna

EL RENACIMIENTO Y EL HUMANISMO

Renacimiento y Humanismo. Definiciones

• Los humanistas se preocuparon porque los hombres tuvieran un trabajo moderno e importante.

• El Humanismo fue una parte de la vida en la que la vida misma empezó a tomar más viveza; es decir, que fue tan real como la vida misma.

• Humanismo es el conjunto inicial de los comunistas.

• El Humanismo era un conjunto de personas que pensaba igual que otras personas.

• EL HUMANISTA CREIA QUE EL HOMBRE ERA EL CENTRO DE LAS PRECAUCIONES.

- DURANTE EL RENACIMIENTO TUVO LUGAR UN MOVIMIENTO CULTURAL LLAMADO CULTURISMO.

- El Renacimiento nació lleno de superstición y falsas creencias.

- Los artistas del Renacimiento creían que resucitarían y por eso se llamaron humanistas.

Los cambios que se produjeron durante el Renacimiento

a) Cambios sociales

- Los cambios sociales fueron que los comerciantes y artesanos crearon el latín y el griego.

b) Cambios económicos

- Durante el Renacimiento circuló mejor la moneda y empezaron a cobrar los prestamistas y los banqueros.

- Un cambio económico fue que la nobleza tenía personas a su servicio llamadas mecenas, que eran como los criados de ahora, sólo que se encargaban de recaudar el dinero por las casas y si alguien no pagaba lo echaban a la calle.

- Durante el Renacimiento corrió mucho la moneda.

c) Cambios políticos

• Los reyes centralizaron el poder y se sometieron a los monarcas.

• En los cambios económicos también se movió un poco el Renacimiento.

d) Cambios religiosos

• Los cambios fueron que si alguien se casaba con la Iglesia no podía separarse ya más.

• Que Europa quedó dividida en dos grupos anatómicos distintos al no aceptar Lutero la emisión que le había recomendado el papa *pío*.

• Los países se convirtieron en dos bloques antológicos: los comunistas y nosotros.

• Unos tenían una religión y otros tenían otra distinta.

El Humanismo

a) Preocupación por el hombre

• El hombre se preocupaba de su vida y muchas veces cogía a un hombre y lo rajaba y, al rajarlo, lo investigaban.

• Los humanistas se preocuparon por el hombre, por su antología y su historia.

• La preocupación del hombre cada vez *iva* siendo más grande, porque si cometía algún fallo *iva* a la hoguera.

b) Triunfo de la razón

• Si durante el Humanismo triunfó la razón, fue porque había mucho mentiroso y había que ir a los tribunales.

• ANTES DE ESTO, LA GENTE TENIA QUE DECIR SI A LAS IDEAS DEL GOBIERNO, PERO CON EL TRIUNFO DE LA RAZON PUDIERON DECIR SI, NO O DEPENDE A LO QUE DECIA EL GOBIERNO.

c) Curiosidad y conocimientos universales

• Los humanistas querían ser sabios a los que nada les preocupase.

• Todo esto no hubiera sido tan rápido de no haber contribuido la *emprenta*, la cual ayudó mucho, e incluso producía libros.

• Los humanistas querían saber todo lo que se les pusiera por medio. Eso, para ellos, no era nada.

d) Afición a todo lo clásico

• Quiere decir que ya el hombre empezaba a sentir curiosidad por todos los cuadros y el teatro y que se puso de moda esa moda.

• Los renacentistas necesitaban el griego y el latín para representar unas obras.

• Muchos pintores famosos copiaban las caricaturas de obras famosas de escultores, como Miguel Angel.

• Pues que crearon el francés y el latín para poder saber cosas importantes.

Difusión del Humanismo.
Erasmo de Rotterdam

• ERASMO FUE LA FIGURA MAS IMPORTANTE DEL HUMANISMO, QUE NACIO EN MEXICO. D. C.

• ERASMO FUE UNA FIGURA MUY SABIA QUE ESCRIBIO *RAMALAZO DE LOCURA*, UNA OBRA MUY POTENTE Y MISTERIOSA.

• Erasmo fue la figura más importante del Humanismo del Renacimiento que tuvo lugar en España.

• ESTABA LOCO ERASMO Y POR ESO ESCRIBIO *EULOGIO Y LA LOCURA*, EN PLAN DE CRITICA. ENTONCES, EL PAPA LE NOMBRO ALGO QUE AHORA NO RECUERDO.

• *Elogio de la locura* fue una obra de teatro que hizo Miguel Angel, que pretendía decir con esto que estaban locos en Europa por querer hacerse católicos o protestantes.

El Humanismo y la ciencia

• LA TEORIA HELIOCENTRICA FUE LA BASE QUE COGIERON LOS HUMANISTAS PARA CONVENCER A LOS ANTICUADOS DE QUE HABIA QUE IR A LA MODA. LA CREO MIGUEL ANGEL.

• Lucrecio Buavaroti fue un señor que adivinó que el Sol giraba alrededor de la Tierra y que había planetas.

El Renacimiento artístico

• El cuadro más famoso de Leonardo de Vinci es el *Yocondo*.

• Miguel Angel, en arquitectura, pintó las estatuas de la *Capilla Sixtina* del Vaticano y en pintura decoró estatuas como la de David.

EUROPA A PRINCIPIOS DE LA EDAD MODERNA

La monarquía autoritaria

• EL REY DEJO DE SER UNO DE LOS SEÑORES FEUDALES Y PASO A SER UNA CABEZA EN EL ESTADO. A ESO SE LLAMO MONARQUIA ANTIPATICA.

• El rey se proclamó jefe de cabeza de Estado.

• La monarquía autoritaria era una monarquía libre de derechos e impuestos.

Medidas que tomaron los monarcas autoritarios para consolidar su poder

• Estos monarcas hicieron unas disciplinas que las llevaban los gobernadores que salían de las universidades e hicieron una diplomacia para que sólo la llevasen los filósofos.

• TODOS CREIAN EN DIOS Y NADIE PODIA INVESTIGAR EL CUERPO HUMANO PORQUE SI LO HACIAN LO MATABAN. ASI QUE NADIE ASPIRABA A SABER NADA, Y SI TE DABA UN DOLOR DE APENDICITIS, TE MORIAS, PORQUE NO TENIAN MEDICOS QUE SUPIESEN DE ESO. LO UNICO QUE LLEVABAN ERA UN ANIMAL QUE CHUPABA LA SANGRE EN UN BOTE.

La monarquía autoritaria en Inglaterra

- La monarquía autoritaria en Inglaterra tuvo que ver mucho con Francia.

- La monarquía autoritaria vino rápidamente a Inglaterra. Enrique el VIII siguió la misma política matrimonial que su padre y por eso mantuvo continuas guerras matrimoniales con dos Rosas.

- Hubo muchas monarquías en Inglaterra; es decir, mucho poder y dominio, tanto en tierras como en autonomías, etc.

- Enrique VII fundó la ciudad de Tudor.

- La guerra de las Dos Rosas enfrentó a la nobleza, que quedó asolada durante treinta años.

La monarquía autoritaria en Francia

- Francia tenía cerradas sus fronteras, con lo cual, nadie que no fuese francés podía entrar.

- En el siglo VIII, Francia pertenecía a la Corona de Aragón. Por eso Francia consiguió arrebatar el poder de los Médicis en Florencia y ponerse contra Italia (Inglaterra, España y el Imperio alemán) para poder así ganar a Italia.

Enfrentamientos entre Francia y España en Italia. La Liga Santa

• En 1494 Carlos VIII fundó Italia, y tras la derrota de los Médicis en Florencia, se fue a Nápoles, que pertenecía a Aragón.

• Carlos VIII invadió a la familia de los Médicis.

• Enrique VII nació en Médicis y, después de casarse con la Florencia, hizo la Liga Santa para luchar contra ella. Y la desterró.

• A la Liga Santa se unieron muchos países europeos como Francia, España, Italia, etc. La Liga Santa era antes como la CEE ahora.

• En esta época hubo muchos *confistos* y, por eso, chocaron los intereses territoriales de Francia, que invadió Italia y rompió el poder de Médicis.

• El rey de Francia, después de conquistar algunas penínsulas de Aragón, fue a por Florencia, pero los italianos tuvieron que echar al rey.

El Gran Capitán

• El Gran Capitán fue un filósofo llamado Gonzalo de Córdoba.

• Se llamó Fernando Gómez y participó en algunas guerras de las que salió ganando.

• El Gran Capitán conquistó la ciudad de Italia.

• Se conoce como el Gran *Capital* a don Gonzalo de Córdoba.

• El Gran Capitán fue un ilustre soldado. Se llamaba Francisco Rodríguez de Córdoba.

• Enrique VIII fue el Gran Capitán de la corona de Francia. Su poder fue cada vez más inmenso y se fue enriqueciendo gracias a él.

ESPAÑA DURANTE EL REINADO DE LOS REYES CATOLICOS

La unión de Castilla y Aragón

• LOS REYES CATOLICOS TUVIERON HIJOS E HIJAS. UNA DE ESTAS FUE JUANA, DE LA QUE DECIAN QUE ESTABA *CHIRULI*, AUNQUE YO NO LO CREO. EL LOCO ERA SU MARIDO, LLAMADO HERMOSO, PORQUE SE MURIO CON UN VASO DE AGUA.

• Isabel tenía Castilla y Fernando tenía Aragón. Pero al casarse, bajo su mandato unieron las dos penínsulas más importantes.

• Al casarse Isabel y Fernando se unieron las dos provincias más importantes de España.

La guerra de Sucesión en Castilla

• Estalló porque allí estaban los refuerzos.

• La causa de esta guerra fue que Enrique IV, en los últimos días de su reinado, cambió su voluntad y se la dio a su hija Juana. La guerra terminó con el tratado de *Alcobas*.

• Empezó porque Enrique *cinco* dijo que su trono era para Isabel, pero en los últimos segundos de su vida se mudó para Juana.

• LOS MUSULMANES INVADIERON LA PENINSULA DE MODO FEROZ Y LOS CRISTIANOS ECHARON A CORRER UNOS DETRAS DE OTROS Y NO PARARON HASTA LLEGAR A CASTILLA.

• Isabel derrotó a la Beltraneja en la plaza de *Toros*.

• La guerra de Sucesión castellana fue muy dura y lucharon muchos en ella. Enrique IV, un poco antes de morir, se casó con Juana la Beltraneja porque se creía que su hija era ilegítima y murió sin saber que no era su hija.

La unificación territorial

• La guerra con Granada la querían los Reyes Católicos para apoderarse de ésta y así conseguir la llave de la ciudad.

• Con la conquista de Granada y la anexión de Navarra se crearon territorios como España.

Política ibérica de los Reyes Católicos

> • HUBO DOS CARACTERISTICAS: UNA, QUE LOS REYES NO QUERIAN SABER NADA DE LA POLITICA IBERICA Y OTRA, QUE LA POLITICA IBERICA DEJO DE SABER NADA DE LOS REYES CATOLICOS.

• Los Reyes Católicos persiguieron una *matrícula* matrimonial para aislar a Francia.

• Isabel y Fernando querían aislar a Francia consiguiendo un matrimonio de Inglaterra y Alemania.

• Los Reyes Católicos querían conquistar *las Melillas* y otras plazas del Norte de América.

• Los Reyes Católicos temían por la política peninsular y lucharon para que no se rompiera. Con la ayuda de las autoridades pudieron sacar adelante la política peninsular con grandes esfuerzos.

Política internacional de los Reyes Católicos

• Los Reyes Católicos querían rodear a Francia con matrimonios para que no pudiera pedir ayuda.

• La política de los Reyes Católicos fue casar a sus hijas con otros monarcas para que sus enemigos estuvieran bien vigilados y no tuvieran escapatoria.

• En la política exterior de los Reyes Católicos se distinguió la Liga Santa, que estaba compuesta por varias religiones, principalmente la cristiana, que estaba formada por muchísima gente.

Muerte de Isabel la Católica.
Las regencias

• A la muerte de Fernando, cogió el trono Cisneros hasta que llegó Carlos, que estaba estudiando fuera.

• ISABEL LA CATOLICA, ANTES DE MORIRSE, CEDIO O PASO, COMO SE QUIERA LLAMAR, EL TRONO. ES DECIR, EL REINO O EL PODER, A SU HIJA JUANA. ESTA SE ENAMORO LOCAMENTE DE FELIPE EL HERMOSO. PERO FELIPE NO LA QUERIA Y LA ENVIDIA, LA RABIA Y LOS CELOS CRECIERON EN ELLA, LO CUAL LE PRODUJO UNA ENFERMEDAD PSICOLOGICA QUE LE AFECTO, NATURALMENTE, AL CEREBRO: ES DECIR, LA MENTE. LE AUMENTO HASTA EL PUNTO QUE SE VOLVIO LOCA Y DE *HAY*, DE ESA ENFERMEDAD, SALIO O NACIO EL NOMBRE O EL APODO, COMO LO QUERAMOS LLAMAR, DE JUANA LA LOCA. DE ESTA FORMA FELIPE EL HERMOSO TOMO EL TRONO, EL MANDO, EL PODER O EL REINO, YA QUE JUANA, A CAUSA DE SU GRAVE ENFERMEDAD, NO LO PODIA ADQUIRIR.

La economía española en el reinado de los Reyes Católicos.

a) La economía en Castilla

• La Mesta era un sitio para guardar el ganado, pastar y ponerlos más gordos si cabe.

• La principal riqueza de Castilla en el reinado de los Reyes Católicos fue la pesca.

• La trashumancia era la que se encargaba principalmente de las ventas de telas y trapos al extranjero.

b) La economía en Aragón

• A finales del siglo XV adquirió mucha importancia la agricultura textil por los paños que se vendieron.

• La economía en estas dos regiones no fue ni muy alta ni muy baja, porque su nivel era de término medio, aunque un poco alto. Y esto era así porque se juntaban las ganaderías de las dos regiones tanto la de Aragón (Fernando) como la de Castilla (Isabel). Este nivel de economía permaneció durante mucho tiempo.

• Durante el reinado de Castilla y Aragón los Reyes Católicos quisieron unir toda la Península.

La Santa Hermandad

• Eran los hombres que mantenían el arado en los campos.

• La Santa Hermandad era una iglesia.

• LA SANTA HERMANDAD ERA UN CONJUNTO DE MONJAS QUE QUERIAN LA CASTIDAD.

• Era la encargada de cuidar y arreglar los caminos y campos castellanos.

• Era una cofradía de Semana Santa.

• Era un monasterio donde Cristóbal Colón se retiró a orar.

• ES UN CUADRO DE LEONARDO DE VINCI.

• Era un libro donde se contaban historias de santos y santas; es decir, un libro muy santo.

• La Santa Hermandad era una milicia civil encargada de proteger el camino de las especies.

• Allí se formaban los curas y la gente santa.

• La Santa Hermandad era la iglesia.

• De allí salían los curas o sacerdotes. Eso era como un obispado o seminario.

El Consulado de Burgos

- El Consulado de Burgos era como un consulado.

La Casa de Contratación

- En Sevilla era la que daba trabajo.

- Era donde se informaba a los marineros.

La unidad religiosa

a) La expulsión de los judíos

> • OTRO DE LOS CAPRICHOS DE ISABEL Y FERNANDO FUE CONSEGUIR LA UNIDAD RELIGIOSA DE ESPAÑA.

- También se consiguió la unidad religiosa echando a la Inquisición.

- Se obligaba a los judíos a casarse y si no querían eran expulsados del país.

b) La expulsión de los mudéjares

- El cardenal Cisneros entró a los mudéjares para echar a los moriscos.

- Los moriscos tenían a Alpujarras como jefe, rey de Granada.

> • A LOS MONJES BAUTIZADOS SE LES LLAMO MORISCOS.

• Para conseguir esa unidad expulsaron a los judíos, a las mujeres y a la Inquisición.

• A los mudéjares los bautizaron los musulmanes.

• Para buscar la unidad dijeron que había que creer en Dios, no casarse con las mujeres y creer en la doctrina.

c) La creación de la Inquisición

• La Inquisición era un tribunal que tenía mucha fe por las herejías.

• Era una secta religiosa católica creada por los Reyes Católicos.

• LA INQUISICION ERA UN SITIO DONDE SOLIAN IR LOS MOROS Y LOS JUDIOS A REZAR LOS SABADOS.

• Isabel tenía una Inquisición y Fernando otra Inquisición.

LAS GRANDES EXPLORACIONES GEOGRAFICAS

Causas de los descubrimientos geográficos

a) Causas económicas

• Los descubrimientos geográficos fueron descubiertos por Nicolás, que descubrió el movimiento de los astros dando vueltas.

• Los europeos querían encontrar una vía segura porque el Mediterráneo estaba acotado por los turcos.

b) Causas ideológicas

• Los hombres renacentistas eran emprendedores de lo desconocido y así descubrieron el *Libro de las maravillas* de *Manco* Polo.

La empresa descubridora de Portugal

• Vasco de *Goma* fundó la Escuela Naval de Sagres.

• Vasco de Gama descubrió Portugal al llegar a la India.

• Portugal dominaba el cruce de las especias.

• Cabral coronó a los que fueron con él a la India.

• Don Enrique el Navegante creó la Escuela Naval de Gredos.

• Juncal descubrió Brasil.

• Vasco de Gama consiguió llegar al punto de donde partió.

Las capitulaciones de Santa Fe

• Las Capitulaciones de Sta. Fe fueron varios descubrimientos de Colón con la ayuda de don Rodrigo Díaz de *Vival*.

• Las Capitulaciones fueron: la Niña, la Pinta y la Sta. María.

• Por ellas se nombró a Colón *brumete* de la marina.

El descubrimiento de América

• Hubo una época en que España hizo tantos descubrimientos como América.

• Colón descubrió América con tres naves: la Pinta, la Niña y la *Virgen María*.

• Y Colón se coló, porque él no quería llegar a América, sino a la India; pero cuando vio a los indios con plumas y flechas comprendió que no se había equìvocado.

• El descubrimiento de América tuvo una rara importancia mínima.

• Los hermanos Pinzón fueron los frailes que ayudaron a Colón.

• COLON CONCIBIO EL PROYECTO DE SALIR Y LUEGO LLEGAR.

• *Fragua* y Pérez fueron los frailes que ayudaron a Colón.

• Durante el viaje a América sucedió que Colón descubrió América.

• Juan Pérez y Antonio *Manchado* fueron unos frailes que ayudaron a Colón.

• Colón salió del convento de *Fragua* y por el camino se encontraron una isla que llamaron Victoria.

• A Colón le ayudaron dos frailes. Uno se llamaba Vicente y el otro Manolo.

La primera vuelta al mundo

• Después de morir Magallanes, al mando del barco se quedó el cardenal Cisneros.

• La primera vuelta al mundo se hizo en el año 1519, con una tripulación de 300.000 pasajeros.

• Magallanes empezó el viaje, pero el hambre y la sed eran insaciables para los marineros y todos perecieron.

El reparto de Ultramar

• Según el Tratado de Tordesillas, los Reyes Católicos echaban a los portugueses 160° *p'allá*.

• EL REPARTO DE ULTRAMAR CONSISTIO EN QUE EL REPARTO DE ULTRAMAR DEBIA ESTAR EN EL MEDIO JUSTO, Y TORDESILLAS UN POCO MAS AL LADO.

• Durante el reinado de Fernando e Isabel estaba un reparto que llamaban el reparto de Ultramar.

• En el reparto de Ultramar se construyeron grandes navíos y barcos.

Consecuencias económicas de los descubrimientos

• Que los puertos del Atlántico desembarcaron a los del Mediterráneo y los echaron de allí.

• Se hicieron productos importantes como el maíz, la patata y el cacao.

• Los europeos llevaron a cabo experimentos con América.

Consecuencias culturales de los descubrimientos

• La cultura disminuyó porque los puertos de Francia estaban cerrados y los escultores no podían entrar en ella para coger pintura y otro tipo de materiales.

• Las consecuencias fueron que se modernizaron las culturas y las estatuas.

• PORQUE AL DESCUBRIRSE NUEVAS TIERRAS TUVIERON QUE HACERSE MAPAS MAS GRANDES, PUES EN LOS QUE HABIA HASTA ENTONCES NO CABIAN YA TANTAS TIERRAS COMO HABIA.

• La Geografía dio un gran salto.

LA REFORMA PROTESTANTE

Lutero y su doctrina

• Según Lutero, el hombre podía interpretar libremente la Biblia que quisiera.

• Durante el luteranismo estaba prohibido ver a los santos.

• Lutero fue un monje alemán que quiso cambiar el orden *polifacético* de la Iglesia y no aceptó la *corrección*.

• Lutero era un alemán que decía muchas cosas, no en contra de la Iglesia, y sí en contra de los mandamientos.

• Este señor no aceptó la *compañía* de Jesús y se fue solo a Trento, donde se casó con una monja *clausurada* llamada Catalina de Aragón.

• LUTERO FUE UN MONJE QUE HIZO QUE FUESEMOS TODAS LAS PERSONAS IGUALES. HABIA MONJES QUE

DECIAN QUE EL VIERNES SANTO NO SE PODIA COMER CARNE, SOLO BULA. LAS PERSONAS QUE COMIAN BULA ERAN LOS RICOS. ENTONCES, LUTERO DIJO QUE ESO NO PODIA SER Y TODA LA GENTE DEL PUEBLO ACEPTO ESA LEY, Y DESDE ENTONCES NO COMEN CARNE NI POBRES NI RICOS.

• Lutero, que estaba casado con una hija de los Reyes Católicos, quería separarse para casarse con Ana. Pero el papa no lo divorció. Por esta causa se rebeló contra la Iglesia y tomó el mando de ella. Por esta causa se creó el protestantismo en España.

• LUTERO COMENZO A PREDICAR PORQUE LE QUITARON SU PUESTO DE TRABAJO.

• El monje llamado *Luterio* empezó a predicar su doctrina porque León X le descalificó de la religión.

• Según Lutero, quedaba prohibido ver a la Virgen y a los santos.

• Lutero corrompió la corrupción que afectaba a la Iglesia católica.

• Según Lutero: el hombre sólo se salva por la fe y no por las buenas ofrendas.

• De los siete sacramentos sólo son dos verdaderos: la Biblia y la eucaristía.

• Lutero era un monje alemán que nació en Alemania.

• Lutero dijo que la Biblia se podía coger cuando quisiéramos y no teníamos que pedir permiso a la Iglesia.

• Lutero era un monje alemán y el papa X de León dijo que a quien pidiera limosna para la basílica de San Pedro se le quitarían las indulgencias.

La difusión de la Reforma

a) Difusión en Alemania

• En Alemania, durante la Reforma, se hablaba de Lutero, que era el número cinco en Alemania y el número uno en España.

• La Reforma se extendió mucho por Alemania y los castellanos reformaron gran parte de Alemania.

b) Difusión en Francia y Suiza

• En Francia se hicieron reformas: unas eran de la doctrina de Lutero y otras se hacían aparte.

• En toda Europa surgieron reformadores que se apoyaban en Lutero o lo reformaban.

• Los principales reformadores de Lutero fueron Calvino y Zuinglio.

c) El anglicanismo

• Anglicanismo es la separación de un matrimonio sin tener en cuenta la autorización del papa.

• MANUEL VIII ESTABA CASADO CON CATALINA DE ARAGON Y QUERIA DIVORCIARSE DE ELLA PARA CASARSE CON ANA BELEN.

• ENRIQUE VIII ORGANIZO PRIMERO EL ANGLICANISMO Y LUEGO SE CASO POR LO MENOS CINCO VECES AQUEL AÑO.

• Enrique VIII se divorció a sí mismo de su mujer Catalina.

• Enrique VIII quería divorciarse de Catalina para casarse con Ana *Lobona*.

• Como el papa no aceptó su divorcio, Enrique VIII se hizo rey de Inglaterra y al hacerse rey de Inglaterra, hizo un anglicanismo.

• El anglicanismo en *inglaterra* aumentó en las prácticas anglicanas. Por eso, el anglicanismo aumentó mucho en *inglaterra* para la Reforma anglicana.

La Contrarreforma católica

a) El Concilio de Trento

• ESTO QUIERE DECIR QUE TRENTO LLEGO, VIO Y VENCIO A LOS PROTESTANTES QUE ESTABAN AL MANDO DE LUTERO.

• El concilio fue porque la doctrina de Lutero se usó en España y fue un escándalo sospechoso.

• La Reforma que pretendía Trento consistió en que los protestantes se hicieran religiosos de la religión protestante menos protestada.

• El papa Paulo convocó a Trento, que defendió categóricamente los órganos atacados por Lutero y obligó a los dioses a vivir en sus diócesis y creó seminarios para la formación de los sacramentos.

• Los católicos, para la Contrarreforma, tuvieron que ir a alistarse a Francia.

• El papa Paulo III dijo que Lutero había cometido muchos dogmas. También se hicieron *barnearios* para los sacerdotes.

b) Las Ordenes religiosas

• Los jesuitas (formación intelectual) fueron fundados por San Ignacio de *Lopoya*.

• La Compañía de Jesús, escrita en 1534 por San Ignacio de Loyola.

• Europa contó con nuevas necesidades y, especialmente, contó con órdenes religiosas.

Europa después de la Reforma

• DESPUES DE LA REFORMA EN EUROPA LOS CRISTIANOS SEGUIAN A LOS PROTESTANTES Y LOS PROTESTANTES A LOS CATOLICOS.

• LA INTOLERANCIA CRECIO Y ESTO QUIERE DECIR QUE YA SE IBA DEJANDO QUE LOS PAPAS, REYES Y CATOLICOS SE CASARAN CON LAS MUJERES.

• ANTES DE QUE SE PERSIGUIESEN UNOS A OTROS, LOS PROTESTANTES Y LOS CATOLICOS ERAN PACIFICOS Y SE HABLABAN POR MEDIO DE CONFERENCIAS, PERO LUEGO SE DESATARON LOS CABOS Y SE HICIERON LA GUERRA DE LAS RELIGIONES, LLAMADAS LAS GUERRAS DE LA INQUISICION.

• Europa cambió mucho después de la Reforma. Había gente a la que llevaban a la muerte y las ponían colgando en un palo con un hierro en la cabeza y debajo tenía fuego y los *que maban*.

• La Reforma en Europa tuvo muchas consecuencias. Para eso tuvieron que reformar toda Europa y firmaron una diplomacia.

EUROPA EN EL SIGLO XVI Y EL IMPERIO ESPAÑOL EN EUROPA

España en el siglo XVI

• El siglo XVI se puede decir que no fue un año como otros; era algo parecido, pero no era igual.

La idea imperial de Carlos V

• La idea de Carlos V era ir a Inglaterra con la Armada Invencible para derrotar a la vez a los ingleses, a los franceses y a los turcos en la batalla de Lepanto. Y fracasó porque vinieron malos tiempos para la flota y porque no se permitía el absolutismo en España.

• LA IDEA DE CARLOS V FUE REALIZAR REFORMAS EN SU MONASTERIO. FRACASO PORQUE FALLECIO ANTES DE LO PREVISTO POR EL Y SUS HERMANOS.

• El ideal de Carlos I era casarse con Isabel sin que nadie lo supiera.

• La mayor pena de Carlos I al morir fue no haber podido *destruir* una Europa con el ideal cristiano.

• Carlos V tuvo una idea que se llamó idea imperial de Carlos V. Esta consistía en la anexión de Portugal y sus islas.

El problema alemán

• Los alemanes se volvieron de parte del protestantismo y utilizaron la religión para divertirse y decían que el emperador tenía límites.

El Imperio otomano

• Los otomanos querían ganar a los turcos en Lepanto, pero fracasaron porque el Mediterráneo se alió con España para luchar contra ellos.

• Los otomanos pretendían invadir el Mediterráneo con su predominio y fracasaron porque Lutero les echó una bula.

• El objetivo suyo era conquistar parte de Inglaterra y sus alrededores, ya que se veían angustiados por las tropas que querían conquistarlos.

• Los monarcas otomanos pretendían hacer una Europa cristiana en el Mediterráneo y extenderla por toda Europa, ya que no consiguieron el éxito en ningún sitio.

• LOS TURCOS QUERIAN CONTROLAR EL MEDITERRANEO. PERO SU IDEA FRACASO TOTALMENTE AL VER QUE, POR UN LADO, ESTABAN LOS FRANCESES CON UNA GRAN *GUERRILLERIA* Y, POR OTRO, ESTABA BOLIVIA. ES DECIR, QUE POR UN LADO ESTABAN LOS FRANCESES CON UNA GRAN TROPA Y POR OTRO LADO, ESTABAN TAMBIEN LOS INGLESES, ES DECIR, INGLATERRA. Y TAMBIEN ESTABA BOLIVIA. LUEGO NO PODIAN HACER NADA PORQUE EN CONTRA SUYA ESTABAN, NI MAS NI MENOS, QUE LOS FRANCESES (FRANCIA), LOS INGLESES (INGLATERRA) Y BOLIVIA.

La batalla de Lepanto

• Los turcos querían expulsar a los musulmanes de sus tierras, y para ello mataron al mandamás de los musulmanes, con lo que los musulmanes huyeron.

• Durante la primera mitad de Carlos *uno*, los turcos lucharon mucho contra Lepanto.

• La batalla de Lepanto fue una batalla que tuvo desigual importancia, ya que los españoles se pusieron contentos y los turcos no.

Las guerras con Francia

• En el siglo XVI, Francisco I derrotó a Pavía y a San Quintín, que era un hombre santo como ninguno.

• Francia, en la guerra, tuvo grandes problemas. Se quedaron sin armas para defenderse y los hombres escaseaban, y el hambre y la sed causaron grandes *henfermedades*.

Las guerras de religión en Francia

• Era que si tú creías en Dios te pegaban un par de tortas y si no creías en Lutero te las pegaban también.

• La guerra de religión en Francia fue porque María Tudor se casó con Felipe II y, como María Tudor era española y Felipe II era inglés, el motivo fue ése.

• FRANCIA ERA UN CERCADO DE ESPAÑA EN EL SIGLO XVI.

• La noche de San Bartolomé fue una matanza en la que los católicos fueron *afusilados* por los protestantes.

• LA NOCHE DE SAN BARTOLOME FUE UNA NOCHE LARGA Y CRUEL, EN LA QUE UNOS SUFRIERON MUCHO Y OTROS NADA. A ESTO SE LLAMA NOCHE DE SAN BARTOLOME.

• Fue una noche muy importante para los que asistieron a la fiesta de San *Bartolo me*, ya que hubo mucha diversión y fuegos artificiales. Es decir, una noche con mucha movida.

• Los franceses *armarón* la de San Quintín.

• Felipe II casó con la princesa Isabel de Valois, y la principal preocupación de los franceses fue romper el candado que les había echado España.

• Las guerras de religión en Francia fueron casi sangrientas. Unos luchaban por la religión y otros no lo querían de la forma que la querían los ciudadanos y tuvieron sus más y sus menos.

• La guerra fue cruel, en especial en la noche de San *Balentín*. La guerra terminó con la derrota de Inglaterra y Felipe III se convirtió al protestantismo.

El enfrentamiento con Inglaterra.
El desastre de la Armada Invencible

• La armada española era muy potente. Tenía la llamada fuerza invencible que contaba con ciento treinta y tres barcos.

• LA ARMADA INVENCIBLE DEJO DE SERLO AL ENFRENTARSE CON INGLATERRA, POR LO CUAL LE DURO POCO LA FUERZA.

• Inglaterra y España se enfrentaron porque Isabel I apoyaba a los rebeldes *famelicos* contra Felipe II.

• Felipe II envió la Armada Invencible contra Inglaterra porque Isabel le había dado calabazas.

• Isabel se unió con los salvajes flamencos y fueron contra Felipe II.

La política peninsular de Carlos I

• Su política fue muy activa porque Carlos tuvo gran importancia en toda la Península. En cambio, Felipe II no tuvo tanta importancia porque los peninsulares tenían más confianza en Carlos I.

• LAS COMUNIDADES CASTELLANAS ERAN ASOCIACIONES DE VECINOS DONDE CADA CUAL PAGABA SU PISO.

• Carlos I tuvo problemas con las comunicaciones en Castilla y con los alemanes en Aragón.

• Carlos I tuvo que enfrentarse a Inglaterra, que estaba capitaneada por don Juan de Austria.

La política peninsular de Felipe II

a) La sublevación de los moriscos

• Los problemas internos de Felipe II eran que desconocía la existencia de Africa y Oceanía.

• Felipe II era rey de Inglaterra. Gobernaba bien su política. Ganaba casi todas las batallas que hacía, e incluso destruyó sesenta y tres barcos de la Armada Invencible.

• Este rey empezó muy fuerte con la política, pero, conforme iba subiendo, sus amigos y socios le fueron abandonando, con lo cual Felipe II en la política no triunfó nada; como he dicho, sólo al principio.

• Felipe II prohibió a los moriscos que tuvieran lengua.

• Don Juan de Austria *sofisticó* la sublevación de los moriscos.

• Felipe II prohibió a los moriscos el uso de la ropa y de la lengua.

• Felipe II sacó a los moriscos de las Alpujarras, donde se habían refugiado porque el rey no les dejaba vestir como él.

b) Las alteraciones en Aragón

• Las alteraciones fueron que Felipe II, durante su reinado, tuvo que enfrentarse con Aragón de frente.

• Antonio Pérez fue nombrado asesino de Juan de Lanuza.

• Un señor, llamado *Escopeto*, era culpable de asesinato, pero él decía que no lo era. Entonces se fugó de Castilla por Aragón, donde finalmente Felipe II logró cogerlo en compañía de Inquisición, una señora muy noble.

c) La unión de Portugal

• Felipe II reclamó Portugal, que estaba solo y libre.

La economía y la sociedad en la España del siglo XVI

a) La población

• La población en el siglo XVI era de unos doce millones de habitantes por kilómetro cuadrado. Su densidad era muy alta y su natalidad medio-medio.

b) La economía

• La economía fue muy pobre, pues los pobres eran muy pobres y los ricos lo eran regular, a medias.

• Al terminar la guerra no tenían comida y los terrenos estaban estropeados por las bombas, por eso no tenían para comer ni dónde hacer comidas.

• La economía española quedó sumergida por el desastre de la Armada Invencible y por otras luchas más.

• La agricultura se empobreció y la ganadería era la principal fuente de energía.

• La economía aumentó gracias al oro que llegaba de América, pero como empezaron las guerras tuvieron que comprar armas, balas y soldados, y así sucedió la *banca rota* y Felipe II tuvo que hacer o firmar la bancarrota tres veces.

• En España en el siglo XVI hacían la bancarrota.

• Los españoles trajeron de América productos para cultivar: trigo, arroz, lino, vid, etc. Y los americanos se llevaron de España: tabaco, maíz, cacao, etcétera.

c) La sociedad

• La sociedad española en el siglo XVI era una sociedad.

• Los *corteses* se hicieron nobles, pero eran egoístas.

• La nobleza se hizo austera y surgieron los picarones, picarosos y los *méndigos*.

• El emperador Felipe II y Carlos I se unieron y juntaron todas sus fuerzas, con lo cual la sociedad española aumentó mucho.

EL IMPERIO ESPAÑOL EN AMERICA

La conquista de México

• Hernán Cortés salió de México para conquistar América.

• Hernán Cortés llegó a México, tomó su capital (Cuzco) y luego se fue.

• La conquista de México por España tuvo que ver mucho con España, ya que el español H. Cortés conquistó México hace bastante tiempo.

• EL IMPERIO AZTECA ESTABA EN MEXICO, A MANO IZQUIERDA, CAMINO DE CUBA.

• Moctezuma era un emperador de Atenas.

• LA NOCHE TRISTE FUE UNA NOCHE EN QUE LLORO CORTES POR LA MUERTE DE MOCTEZUMA, INCA; ES DECIR, UN DUELO, QUE DIRIAMOS NOSOTROS.

La conquista del Perú

• PERU ESTABA ALLI. ENTONCES FUE UNO Y LO CONQUISTO, Y ASI SUCEDIO.

• El capitán Pizarro salió de Inglaterra en una expedición y al llegar a América conquistó Perú. Más tarde llegó a Cuzco, que era otro pueblo de América.

Otras conquistas en América

• Cabeza de Vaca recorrió Méjico y allí fundó la ciudad de Buenos *aires*.

• Diego de Almagro ayudó a Perú en la conquista de Francisco Pizarro.

• Vasco de Gama descubrió Portugal al llegar a la India.

• Ponce de León llegó hasta Florida, y Cabeza de Vaca y Tejas al río Magdalena y el Colorado.

Exploraciones en el Pacífico

• Los monjes Magallanes y Valdivia exploraron el Pacífico.

• El hombre en aquellos tiempos era muy curioso y, por lo tanto, exploraba mucho. Allí encontraron cosas que no habían visto, como víveres. Más tarde fueron a explorar las famosas Filipinas y, como vieron que eran unas tierras que no se habían visto nunca, las conquistaron también.

• El Pacífico fue explorado por Magallanes y lo explotó *Legaspi*.

• Al explorar el Pacífico los españoles *encontrar* un nuevo paso, que lo llamaron el Canal de Suez.

Las Leyes de Indias

• Las Leyes de Indias eran pequeños poblados en los que sólo vivían individuos, menos un sacerdote, que daba misa todos los días. En América había las mismas leyes que en España, pero después se hicieron las Leyes de Indias para asesinar a los indios.

El Consejo de Indias

• Era un tribunal donde se *jugaba* a los indios.

• ERA UN SINDICATO DE INDIOS QUE PROTEGIA A ESTOS DE LOS EMBAUCADORES Y TRAIDORES.

• Indias dio muchos consejos a América para poder ganar la guerra contra España.

• El Consejo de Indias estaba compuesto por una serie de indios o indígenas que negociaban.

Los Virreinatos

• Eran unas leyes que protegían a los virreyes y monarcas de los indios.

Las encomiendas

• ERAN COMO OFICINAS DEL PARO DONDE LOS INDIOS IBAN A APUNTARSE PARA QUE LES DIERAN LOS TRABAJOS MAS DUROS.

• LAS ENCOMIENDAS ERAN RECOMENDACIONES HECHAS POR EL REY.

• CUANDO UN INDIO QUERIA TRABAJAR PEDIA UNA ENCOMIENDA, O RECOMENDACION, QUE DIRIAMOS NOSOTROS.

La mita

• La mita era un lugar donde los indios hacían la misa diaria que les daba el sacerdote *encomendadero*.

• Era un instituto obligatorio para los cardenales y gobernantes.

• Era un impuesto por el cual había que darle la *mitá* de la cosecha al señor de las tierras y esta parte tenía que ser la mejor.

Las reducciones

• Las reducciones eran colonias muy reducidas.

• LAS REDUCCIONES ERAN, POR EJEMPLO, SI UNA PERSONA ESTA PAGANDO UNA CUOTA Y AL PASO DE UN AÑO SE LE REDUCE: ES DECIR, TIENE QUE PAGAR MENOS DE LO QUE ANTES PAGABA. ESO SIGNIFICA REDUCCIONES.

• Eran testamentos dirigidos a una persona en los que se le daba un terreno y unos indios.

• ERAN UNAS AGRUPACIONES SINDICALES DE INDIOS.

La conquista de Filipinas

• Las Filipinas fueron descubiertas y conquistadas permanentemente por España.

• Las islas Filipinas fueron las únicas islas que se quedaron permanentemente en España.

• Las islas Filipinas fueron descubiertas por Juan, que le puso el nombre de Filipinas por Felipe.

EUROPA EN EL SIGLO XVII: LA EPOCA DEL ABSOLUTISMO

La política interior de Luis XIV

• EL EDICTO DE NANTES FUE UN LIBRO QUE PUBLICO FELIPE II CONTANDO SU VIDA, SUS COSTUMBRES Y SU RELIGION.

• Luis XIV se rodeó de *edificaces* ministros. Uno de ellos le edificó Versalles.

• El rey Luis XIV repobló la corte de Versalles como lugar eficaz.

Alemania: la guerra de los Treinta Años

• FUE UNA GUERRA RELIGIOSA ENTRE PROTESTANTES Y CRISTIANOS QUE DURO TREINTA AÑOS Y ACABO CON LA PAZ DE RESURRECCION, EL DIA DE PENTECOSTES.

El siglo del mercantilismo

• Para conseguir el mercantilismo los reyes plantaron varias colonias y así aprovecharse ricamente de sus recursos.

• Los mercantilistas tenían manufacturas, que consistía en que cada país ponía un artículo lujoso y no era necesario tener que ir al extranjero a por él.

ESPAÑA EN EL SIGLO XVII

El reinado de Felipe III: política interior

• Durante el reinado de Felipe III hubo *invalidos* en España.

• DURANTE EL REINADO DE FELIPE III HUBO MUCHA CORRUPCION, PUES LA GENTE VENDIA SU TRABAJO Y LUEGO SE APUNTABA AL PARO PARA GANAR MAS.

• La administración estaba corrompida con los validos, porque se compraban y se vendían de un modo muy cómodo los *encargos* del Gobierno.

• La expulsión de los moriscos resultó muy *judicial* para nuestra agricultura.

• Se hicieron soldados permanentes que sólo el rey podía concebir.

Felipe IV. Privanza del conde-duque de Olivares

• Felipe IV tuvo como privada a la condesa del duque de Olivares.

• El conde-duque de Olivares, en su política centralista, propuso levantamientos en Cataluña, Portugal y Nápoles.

La población española en el siglo XVII

• Bajó mucho, pues las continuas guerras, para quitar las materias primas a los poblados de los indios, hacían morir a mucha gente. Al igual que la peste y el hambre.

• También influyó la expulsión de los *mariscas*.

• La población española disminuyó mucho debido a la elevada tasa de *moralidad* de aquel tiempo.

• DEBIO DISMINUIR, PORQUE SI LOS HOMBRES ESTABAN SIEMPRE EN LA GUERRA Y LAS MUJERES EN CASA, NO PODIAN HACER NADA Y NO NACIAN NIÑOS.

La economía en la España del siglo XVII

• El comercio español por entonces estaba sumergido y se acabó de sumergir del todo cuando se organizaron las ferias y fiestas de Castilla y Aragón, ciudades nobles.

• La agricultura fue buena. No escaseaban los alimentos. Algunas veces hasta sobraban (pero pocas). En general, la agricultura en España en el siglo XVII fue bastante buena.

• En este siglo se *dejo* de hacer tierras en España.

Historia contemporánea

LA EPOCA DE LA ILUSTRACION

Definición de Ilustración

• La Ilustración formulaba doctrinas que se oponían a la inteligencia y a la superstición.

• LOS ILUSTRADOS TOMARON LA FUERZA COMO RAZON.

• La Ilustración era un partido político que buscaba a toda la gente para luchar contra la *supertición* de la luz de las ideas.

• Fue una época en la que hubo grandes escritores *lustrosos* y es conocida también por el siglo de las luces, ya que entonces empezaron a iluminarse muchas ciudades como París y Londres.

Los grandes ilustrados franceses

a) Montesquieu

• Montesquieu escribió en espíritu las leyes del contrato.

• Montesquieu proponía en su obra establecer los tres poderes en alguna parte.

b) Voltaire

• Practicó la política, la religión y las costumbres de su tiempo.

• *Volté* irritó la política, la religión y las costumbres antes de tiempo.

• Voltaire en sus escritos criticó las costumbres y pretendió que los hombres dejaran la desobediencia y cogieran la superstición y la tolerancia.

c) Rousseau

• *Ruso* dijo en su obra que el poder viene del hombre y que las leyes se cumplen según el comportamiento de los ciudadanos.

• En *El contrato social* Rousseau tuvo una idea, que fue estudiar su religión y sus costumbres en su tiempo.

• Dio a entender en su obra que lo que él pretendía era evitar la superstición en intentar hacer la felicidad y la ignorancia.

• Rousseau creó un contrato de socios para defender Europa y América del ataque de los ilustrados.

La Enciclopedia

• ERA UN LIBRO QUE INCLUIA UNOS ESCRITOS Y UNOS DIBUJOS Y TUVO UNA REPERCUSION: QUE TODOS LOS HOMBRES SE SUBLEVARON.

• Era una obra colectiva que recibió el nombre *genético* de Enciclopedia.

• La Enciclopedia pretendía explicar todo. Cuando salió toda la gente la compró por fascículos y la leían llenos de admiración y entusiasmo.

• Se fabricó en el siglo XVIII con la aprobación de Felipe V, que era el rey que reinaba en esa zona en esa época.

• La Enciclopedia fue un tomo muy gordo que luego se llamó *dicionario* e influyó mucho entre los *dicionarios* de la época.

• Carlos III fue el monarca más *lustrado* de aquel entonces.

• Fue una obra muy colectiva. Se difundió mucho y sirvió para dar colonia a Gran Bretaña.

• La Enciclopedia criticó la superstición, la política y la televisión de su tiempo. Todas esas cosas las propagaron los reyes sin propiedad colectiva.

El Despotismo Ilustrado

> • LA FRASE QUE MEJOR LO DEFINE ES: TODO PARA EL PUEBLO *MENOS* CON EL PUEBLO, QUE QUERIA DECIR QUE LOS HABITANTES DE UNA CIUDAD HACIAN UNA SERIE DE COSAS Y LOS BENEFICIOS SE LOS QUEDABA EL QUE MAS PODER TENIA; POR EJEMPLO, EL REY.

• El Despotismo Ilustrado fue la manera absolutista e *iletrada* de gobernar. Consistió en trabajar mucho para ganar poco. Por eso, los reyes se rodearon de *ineficaces* ministros.

• Los ilustrados eran muy sabios y muy listos e hicieron obras en común, como el Despotismo Ilustrado.

La sociedad europea en el siglo XVIII

• La población aumentó por las mejoras sanitarias y la creación de caminos, canales, puertos, museos, etc.

• El estado llano estaba formado por la burguesía y la voluntad popular.

• La sociedad era muy culta y por eso estudiaban *bellasartes*, aunque preferían útiles a bellezas.

La economía en el siglo XVIII

• Una doctrina económica era la fisiocracia, que decía que la agricultura era la principal fuente de energía.

• El librecambismo fue una religión creada por *Adán* Smith para comerciar con los comerciantes.

EUROPA Y AMERICA EN EL SIGLO XVIII

Situación de América a mediados del siglo XVIII. Las Trece Colonias

• Las colonias inglesas en América, en el siglo XVIII estaban rodeadas por Gran Bretaña, España, Portugal y Prusia.

• En esta época, América estaba potenciada por cuatro grandes potencias y trece colonos. Cinco colonos se dedican a la agricultura y los demás a la economía.

• Los americanos tiraron al mar alimentos que llevaban en el barco para seguir navegando.

• El poder policial estaba en los árbitros.

El inicio de la Guerra de la Independencia

• Los colonos querían gobernarse por ellos mismos y no por los colonos americanos. Entonces los pieles rojas arrojaron un cargamento de té al mar de Boston con la ayuda de Francia y España.

• Durante la Ilustración, un grupo de fugados se puso en *huega* en contra del té.

• Los colonos llevaban dentro la Ilustración y querían el poder y la corona británica. Después, consiguieron la victoria de Sudáfrica.

• La Paz de Versalles puso fin a la guerra. El nuevo presidente fue *Gor Vasitón*, que fue guillotinado y María Antonieta también fue decapitada. Otro presidente más también murió *guiyotinado*.

ESPAÑA EN EL SIGLO XVIII

La instauración de la dinastía borbónica: cambios políticos

• España y Francia querían entrar en América y fracasaron por la falta de experiencia.

• La Paz de Utrecht fue muy favorable para España, ya que España hizo la paz con ella y, desde entonces, se llevaron bien España y la Paz de Utrecht.

Personalidad de Felipe V

• ESTE REY TUVO DOS ESPOSAS Y UNA DE ELLAS LE PLANTO CARA.

• Felipe V se preocupó mucho del rey hasta que se despreocupó del todo.

• La segunda mujer de Felipe V se llamaba Isabel, pero también murió.

• Felipe V se casó y tuvo dos mujeres que reinaron sobre él. A su muerte *propulsionó* la Ley Sálica.

Política interior de Felipe V

• Felipe V edificó la Nueva Planta.

• Esta política interior fue muy íntima con los eficaces ministros que rodeó.

• Felipe V dio el Tratado de *Entrech*, que duró hasta finales del siglo XIX.

• El rey francés de España edificó una *nuevaplanta* y unificó todas las colonias, menos la de Navarra.

• La Ley Sálica consistió en una ley por la cual todos los ciudadanos tenían derecho a participar en las guerras que promulgara Felipe V.

• Felipe V promulgó la Ley *Sádica*.

• ESTE REY RELLENO LA MESETA CENTRAL, QUE HASTA AHORA ESTABA DESHABITADA, CON BIBLIOTECAS, ACERAS PUBLICAS, ETC.

Política exterior de Felipe V

• LOS PACTOS DE FAMILIA ERAN UNA ESPECIE DE SINDICATO DE CARACTER FAMILIAR; ES DECIR, UNA ESPECIE DE MAFIA.

• Los Pactos eran todas aquellas personas cercanas al reino que comunicaban a otros países las noticas del reino.

Personalidad de Fernando VI

• Era muy bueno, un santo, y murió sin sucederse.

• TENIA UNA MUJER QUE SE LE MURIO, Y EL LAS PASO CANUTAS.

Política interior de Fernando VI

• Fernando VI tuvo al marqués de la *Ensimismada* como ministro.

• El ministro marqués de *Ensaimada* creó los pósitos.

• Fernando VI formó unos depósitos.

Personalidad de Carlos III

• Se rodeó de eficaces ministros como *Flor ida Blanca*, Molino y un simple ilustrado hijo de Felipe.

Política interior de Carlos III

• Este señor colonizó Sierra Morena con caminos, canales y puentes.

La economía española en el siglo XVIII

• España empezó a industrializarse gracias a la opinión personal.

LA REVOLUCION FRANCESA Y EL IMPERIO NAPOLEONICO

Los Estados Generales

• La Asamblea de Notables realizó el juramento de las *pelotas* en un antiguo campo de fútbol.

• La reunión tuvo lugar en un frontón que se conoce como Juego de *pelotas*.

• Los Estados fueron formados por todos los países europeos, excepto Gran Bretaña y el Papa. Y tomaron dos cámaras para su gobierno.

• EN ESTA EPOCA SE PROMULGO UN REGLAMENTO DE DEPORTES LLAMADO JUEGO DE PELOTAS.

• LOS ESTADOS GENERALES FUERON UN ASUNTO BASTANTE REVOLUCIONARIO Y DESDE ENTONCES EL SALTO A LA BASTILLA FUE UNA MODALIDAD OLIMPICA.

• El pueblo de París se amotinó y asaltó:
...la mantilla
...la *astiya*

La Asamblea Constituyente

• El pueblo se amotinó y se saltó la Bastilla.

• El rey quiso *resolver* la Asamblea, pero el pueblo de Madrid se amotinó y asaltó la Bastilla.

La Convención Nacional

• Era una reunión de países reunidos para ayudarse mutuamente.

• Los jacobinos emprendieron una política de terror y Godoy persiguió a todo el que era moderado.

• ROBESPIERRE PERSEGUIA A LOS SOSPECHOSOS POR LAS CALLES.

• María Antonieta murió *descapitada*.

• La guillotina fue inventada por un jacobino llamado *Guilloto*.

Napoleón: del Consulado al Imperio

• Napoleón pretendía unir Europa y en cada país poner una comarca. Le eligieron Emperador por su carácter hereditario.

• Este señor quería hacer una unidad *espasional* para Francia, por lo que muchos europeos se alarmaron.

• NAPOLEON ERA BUENO, BONDADOSO Y DE CARACTER DEBIL.

• Napoleón tuvo un golpe y debió enfrentarse a todas las colonias que se le venían encima.

• Napoleón pretendía unirse con Europa, pero los pueblos se percataron y no lo permitieron.

Napoleón: campañas continentales

• EN RUSIA, NAPOLEON PASO FRIO, AUNQUE MENOS QUE SUS SOLDADOS, QUE SE QUEDARON HELADOS.

• Napoleón se apoderó del Banco de Francia y *solidificó* la moneda por medio de un Código, que fue legislativo.

• EL GENERAL O EMPERADOR NAPOLEON FUE A EGIPTO Y SE SUBIO A UNA PIRAMIDE MUY ALTA PARA QUE LE CONTEMPLARAN LOS SIGLOS.

• NAPOLEON DIJO ALGO DE UNA VARA O PALO.

• Napoleón y su ejército entraron por el continente de Europa. Luego por el Mediterráneo y más tarde por el sur, donde cogieron a Sierra Morena.

• Napoleón tenía un gran ejército, llamado los Cien hijos de San Juan.

EL REINADO DE CARLOS IV Y LA GUERRA DE LA INDEPENDENCIA

Personalidad de Carlos IV

• ERA HIJO DE CARLOS II. SU MUJER, MARIA LUISA, SE PUEDE DECIR QUE LE TENIA COMIDO EL COCO, PUES SIEMPRE MANDABA EN EL, YA QUE ERA MUY SOBERBIONA.

• Carlos IV era un hombre débil, casado con *Florinda Blanca*.

• Carlos IV era el rey relojero más *fulminante* del mundo.

• El señor Godoy quería mucho a Carlos IV y, cuando éste murió, Godoy hizo desencadenar unas guerras en su nombre.

Política interior de Carlos IV

• El rey Carlos el Cuarto destituyó a Floridablanca y Aranda para conseguir grandes ilustrados, y se dejó llevar por su esposa y su padre que eran *iletrados*.

• Carlos IV destituyó a Floridablanca y Aranda porque no daban los méritos que Carlos quería.

• Los destituyó porque querían formar un motín para su hijo Fernando y para que los asuntos que tenían entre las manos no se le fueran a estropear.

• Godoy era inglés, pero estaba unido a Napoleón, y Carlos IV quiso ponerle a su cargo para descubrir posibles levantamientos de Napoleón contra España.

Política exterior de Carlos IV

• Godoy fue un *aislado* de Francia.

• Carlos IV realizó una política exterior muy extensa.

• Carlos IV fue muy famoso exteriormente, ya que gobernaba a España muy bien y se opuso a muchas peticiones del pueblo. Se dejaba gobernar por su mujer, que era muy temperamental.

• En el Tratado de San Ildefonso se trató que Trafalgar derrotara a Godoy.

• El equipo español y francés fue derrotado por Inglaterra en *Trasfalgar*.

El motín de Aranjuez

• Los franceses llegaron a Madrid y los españoles allí asentados tuvieron que huir a Aranjuez. Los franceses robaron todo lo que había por medio y por eso se conoce como el *mitin* de Aranjuez.

• Godoy entró hasta Madrid con las tropas francesas, pero como había tantos problemas se trasladó a Aranjuez.

• Entonces, las tropas francesas empezaron a entrar en diversos países de España.

• Carlos IV abdicó en su hijo Godoy.

• Godoy dio un mitin en Aranjuez; luego, entregó el trono a Fernando VII. Entonces, Bayona vino a España e hizo que Fernando soltara el trono y se lo diera a su padre.

Las abdicaciones de Bayona

• Napoleón trajo a España la adbicación de Bayona (Francia) para decirle a Fernando VII que dejara las ideas de su padre.

• Bayona atrajo a las Cortes españolas y obligó a Fernando VII a abdicar.

• Napoleón introdujo a *Ballona* en Europa para obligar al rey Fernando VII a que le diera el trono.

• Bayona tuvo que abdicar el 2 de Mayo porque no quería otra revolución.

El 2 de Mayo

• El día 2 de Mayo entraron los franceses en Madrid, ocasionando muchas pérdidas y muchas cosas rotas. También hubo una revolución entre políticos; es decir, entre nobles y aristócratas.

• El 2 de Mayo es una fecha conocida por las muchas pérdidas en un ejército de hombres.

• El día 2 de Mayo se levantó Aranjuez y luchó contra los franceses hasta morir.

• El 2 de Mayo fue una sangrienta lucha que hubo en Francia.

• Austria y Rusia lucharon contra Francia porque Francia quería salvar a Luis XVI.

• España se levantó débilmente en armas contra los franceses. Esto dio ánimos a España y a Madrid, y las Juntas Provinciales se encargaron del resto.

• Napoleón hizo campañas napoleónicas contra Inglaterra.

Las guerrillas

• Y ENTRE LOS GUERRILLEROS HABIA UN MINERO Y UN CURA MORENO.

• Entre los guerrilleros más importantes estaban San Martín, el *Embecinado* y el cura *Mariano*.

• España y Francia tuvieron una guerrilla que atacaba con carrozas y hacía emboscadas. Francia siempre atacaba por Zaragoza y Gerona, mientras que España lo hacía por Agustina de Aragón en Madrid.

EUROPA Y AMERICA DESDE 1815 HASTA 1870

La Santa Alianza

• Esta Alianza Santa protegía a los países *atacaos* de revolución.

• FUE UNA UNION MUY BUENA PARA TODOS AQUELLOS QUE LA FIRMARON, PORQUE ESTABA ALLI EL PAPA Y LOS SALUDO.

La época de las revoluciones (1820-1848)

• Desde 1820 a 1848 se *producieron* grandes movimientos revolucionarios. El hombre grande fue Godoy, que era muy querido. Más tarde, a la muerte de *Godo*, tuvieron otro rey, al que no querían.

• El movimiento de 1820 tuvo lugar en España y fue de Riego, que intentó que hubiera un rey absolutista, quitando el poder a Fernando VII.

• Por la Constitución de 1812, Fernando VII tomó la presidencia de Chile.

• En 1830 se derrocó a don Carlos X y a la monarquía liberal del progreso absoluto. Este movimiento tuvo una consecuencia: que todos los que se fueron a la guerra eran revolucionarios. Y hubo otro entre 1820 y 1848. Cada uno tuvo sus consecuencias.

La independencia de la América española

• ENTRE LOS CAUDILLOS INDEPENDIENTES DE AMERICA HUBO UNO QUE FUE UN SIMON Y OTRO UN CURA *HIDALGO* QUE DIO UN GRITO Y ACUDIO DOLORES.

• Simón Bolívar, tras su independencia de Colombia y Venezuela, fundó una confederación que fracasó porque había riñas entre los terrenos, las salidas al mar y algunos yacimientos mineros.

La doctrina Monroe

• Su representante fue Monroe y decía que, si en un país viven unos ciudadanos, el país es de los ciudadanos, no de los que vengan después.

• Monroe era un socialista que propuso una doctrina para llevarla a cabo en Francia, pero el rey no quiso y el pueblo de Monroe se levantó contra Francia.

• Esta doctrina era una doctrina religiosa y política.

ESPAÑA DESDE 1814 HASTA 1875

Fernando VII: restauración absolutista

• FERNANDO VII ESTUVO INTERNO EN UN COLEGIO DE BAYONA Y TUVO UNA AMIGA A LA QUE LLAMABAN LA PEPA.

• FERNANDO VII TUVO UNA HIJA MUY SADICA, LLAMADA ISABEL.

• Cuando Fernando VII llegó a su pueblo, el pueblo le dijo que jurara por la Constitución y éste se negó a hablar.

• Fernando VII era muy fiel con su pueblo, pues mantenía a éste al margen de todo lo que ocurría.

Fernando VII: El Trienio Liberal

• O'Donnell se alejó de los ministros e hizo una política en condiciones, y con la Hacienda pública se creó la Guardia Civil.

• Riego se sublevó aprovechando la *sofocación* de las colonias.

• El trienio liberal fue una época en la que los liberales dieron un riego a los enemigos de los liberales con la cabeza de San Juan al frente.

• *Riesgo* se sublevó en la Cabeza de San Juan contra los carlistas e isabelinos juntos.

• El trienio liberal fue un grupo de soldados franceses llamados *Cien mil hijos de Dios*, que pretendía ir a España por el exterior, pero fueron derrotados.

Fernando VII: La Década Ominosa

• Los ejércitos franceses decidieron enviar a España un potente ejército para sofocar la rebelión. Este ejército se llamó los *Cien mil hijos de San Juan.*

• Hubo entonces una guerra de unos cien mil hijos a la que se llamó de *Los cien mil hijos de Luis*.

• Al pasar por España los *Cien mil hijos de San Luis* fueron derrotando a los sublevados hasta extinguirlos.

• La *Congresión de Vergara* decidió mandar un ejército español a Francia, pero al atravesar España fueron asaltados por los liberales y tuvieron que rendirse.

• Entonces, Fernando VII mandó contra los liberales a los *Cien mil hijos de San Luis*, aunque no mandó a todos. Luego, mandó un *riego* a las colonias porque se habían levantado con armas.

• En el Congreso de Verona obligaron a Fernando VII a jurar la Constitución. Como él no quería mandaron un ejército francés conocido con el nombre de *Cien mil hijos de San Juan*. De este modo, obligaron a Fernando VII a jurar.

• Un ejército mandado por los *Cien mil hijos de San Luis* entró en España y luchó con Riego, que ya era coronel.

Fernando VII: el problema sucesorio

• Fernando escribió una ley *sádica* especialmente para su hermano Isidro, que se fugó de España.

• Al morir Fernando VII publicó la Pragmática Sanción para que la hija de Felipe VII pudiera aspirar al trono.

• Entonces, a María Cristina la hicieron regente mayor de edad cuando sólo tenía un año por el padre.

Regencia de María Cristina

• María Cristina dividió al Gobierno entre altos y bajos en la Cámara.

• M.ª Cristina se nombró reina regente y se enfrentó a los moderados y a los librecambistas, que no eran tan modernos o moderados.

• En la primera guerra carlista, Maroto se dirigió a Espartero con un abrazo de Vergara.

• ZUMALACARREGUI FUE UN HOMBRE QUE MATO A OTRO Y SE FUGO.

La regencia de Espartero

• El enfrentamiento entre la reina y Espartero terminó con la Ley de Ayuntamientos. Entonces, el pueblo eligió como rey a Espartero, *revocando* a la reina.

• Espartero tuvo muchos problemas y uno de ellos era que intentaban *recomponer* a María Cristina. Entonces, María Tudor juró la Constitución de 1812.

• LOS MODERADOS QUEDARON *PLASMADOS* CON LAS NUEVAS IDEAS QUE ESPARTERO TRAJO DE LONDRES.

• Al poco tiempo de irse Espartero volvió de nuevo, pero esta vez traía *consigomismo* muchísimas ideas. Tanto la Unión Liberal como el Vaticano y la reina estaban tremendamente asustados ante las ideas de Espartero.

Reinado de Isabel II: La Década Moderada

• Isabel dejó el trono y subió a él *Espetero*.

• Isabel II fue heredera de la corona en 1836 y muchos años después cedió la corona a su hijo Juan Carlos I.

• La reina creó la Guardia Civil para respetar las calles.

El reinado de Isabel II: El Bienio Progresista

• DENTRO DEL BIENIO PROGRESISTA ESTA LA DECADA MODERADA.

• En España se habían hecho dos bienios: el bienio Alto y el bienio Bajo.

Reinado de Isabel II: desde 1856 hasta 1868

• Los liberales desamortizaron a Isabel II al frente de *topete*.

• EN SU TIEMPO HUBO UN MINISTRO QUE SE LLAMO *PLIN*, Y DESDE ENTONCES VIENE ESO DE: ¡A MI, PLIN!

• *Prin* tuvo algunos problemas porque él no tenía que gobernar y gobernó. Entonces, él mismo se retiró y formó un gobierno *providencial*.

El gobierno provisional del general Serrano

• Serrano era el gobernante y *Prin* el hombre del país. Pero ninguno de los dos consiguió lo que tenía que hacer y nombraron a Amadeo, que fue el líder de *Prin*.

• El presidente Serrano proclamó una nueva ley por la cual las opiniones serían individuales y el culto, religioso.

• Tras el triunfo renacentista se destronó a Isabel II y se puso en la cabeza del Gobierno a Serrano.

• También se aprobó la soberanía nacional, la libertad de cultos e incluso el *naufragio* universal.

• SERRANO HIZO UN GOBIERNO PROVISIONAL PARA VER SI LE GUSTABA Y SI NO QUITARLO.

El reinado de Amadeo I

• Amadeo fracasó porque se murió su amigo *Plin*.

• Amadeo I era un rey temeroso y extranjero. Lloró

mucho porque no supo defender como rey lo que le tocaban·como hombre.

• Durante el reinado de Amadeo I, *Prin*, su encargado en Madrid, murió asesinado y él llevó una vida *disolutista*.

La Primera República

• La Primera República tuvo varios presidentes: el primero fue Figueras, que tuvo una revolución solitaria; el segundo fue Pi y Margall, que tuvo una revolución federal, y el tercero fue *Sarmerón* con Castelar, que tuvieron un signo caótico.

• Salmerón era partidario de una República feudal.

• La Primera República la montaron entre Pi y *Marabal*.

LA REVOLUCION INDUSTRIAL

La Revolución agrícola

• La Revolución agrícola se inició con la fabricación del maíz, de la remolacha y de la patata.

• Se empezaron a usar máquinas para facilitar el cultivo de mano de obra.

• SE LEGALIZARON LOS INSECTICIDAS Y EMPEZARON A USARSE.

• La Revolución se debió a la introducción del cultivo en el mundo del trabajo.

La Revolución industrial

• En esta época hubo un traspase de la población activa en pasiva.

• Esta Revolución supuso el paso de un capitalismo comercial a otro prenatal.

• Las principales causas que motivaron la Revolución industrial fueron el adelantamiento de la Química y el congreso de la agricultura.

• Se produjo el traspaso de ciudades rurales a las ciudades urbanas.

• Se empezaron a crear fábricas con máquinas incluidas.

• En esta época se inventaron fábricas para la industria.

• El inicio de la Revolución industrial se produjo por la falta de trabajo. Al crearse nueva maquinaria, los trabajadores se quedaron desocupados y se produjo la Revolución industrial. Los trabajadores se rebelaron y rompieron las nuevas máquinas. Esto tuvo como consecuencia que las industrias se quedaran sin máquinas y esto favoreció a los trabajadores, porque *asín* volvieron a trabajar en las industrias.

• Se inició la industria, tanto rural como urbana.

El desarrollo de la industria y de los transportes

• La industria se inició en el siglo XVIII en Inglaterra y se extendió por Europa, Japón y Estados Unidos en el siglo XIV.

• A partir del siglo XIX hubo varias reformas. Por ejemplo, se echaron calderas de vapor a las máquinas de tejer.

• LOS TRANSPORTES TUVIERON GRAN IMPORTANCIA EN EL SIGLO XVI: SE INVENTO LA DINAMO.

• Se introdujo la caldera de vapor a las máquinas de tejer y de escribir.

• Se cambió el uso de la madera por el hollín, que tenía más calor.

Los efectos sociales de la Revolución industrial

• El hombre empezó la Revolución capitalista para pasar a la Revolución socialista.

• EL OBRERO NO ESTABA ASEGURADO EN ENFERMEDAD. LO CUAL TRAJO PROBLEMAS Y PROVOCO UNA REVOLUCION INDUSTRIAL, QUE PEDIA QUE LOS OBREROS ESTUVIERAN ASEGURADOS.

El socialismo científico

• Fue descubierto por Marx, que es el que creó la sociedad utópica, y se caracteriza por:

a) La lucha contra carlistas y *guerristas*.

b) Los adelantos que hubo y las mejoras.

• PARA EL SOCIALISMO, LA HISTORIA ES MOVIDA POR EL PODER DE LA VIDA.

• La ciencia se desarrolló mucho. Se inventaron nuevas medicinas y nuevos inventos, como la cámara de *foto* y cosas así. También se fueron descubriendo cosas antepasadas y el capitalismo se renovó. Se hizo la banca, donde apartaban dinero y te lo guardaban. Luego, por eso, también pagaban intereses.

El anarquismo

• Se llama anarquismo a la forma de Gobierno en la que no pueden reinar los anarquistas. Socialismo es lo contrario, los que pueden reinar.

• El anarquismo quería destruir al Gobierno porque dividía a los individuos.

• El anarquismo fue creado por el alemán Hegel y pretendía como forma de Gobierno el anarquismo.

La Primera Internacional

• Fue un nuevo Gobierno que formaron varios países y que sólo duró once meses, aproximadamente.

• FUE LA PRIMERA REUNION INTERNACIONAL DE TODOS LOS PAISES.

• Era como una ley protestante.

• Fue el himno de los trabajadores cantado por Bakunin.

• Era una ley impuesta por Fernando VII para anular la Ley Sálica. Los progresistas no estuvieron conformes con esto.

• Simón Bolívar constituyó la Primera Internacional y fracasó por una guerra en Cuba.

LA EPOCA DEL IMPERIALISMO

La expansión colonial

a) Causas políticas

• Los países intentaron conseguir un movimiento uniforme para que las ciudades estuvieran mejor habitadas.

• Los europeos tenían conquistada toda Africa, pero con mayor número de territorios se encontraban los romanos.

b) Causas demográficas

• Se produjo un movimiento migratorio desde los países europeos a las clases sociales más modestas.

• En las causas demográficas la demografía fue muy lejos.

• También influyó este sector. Aunque no fue importante. Pero destacó.

c) Causas económicas

• Las colonias eran para las potencias europeas una fuente de energía abundante y barata.

• Las colonias eran para Europa el gran mercado de productos vírgenes.

• Las ideas se hicieron gracias a las ideas demográficas.

• FUERON LAS MAS IMPORTANTES PORQUE HUBO QUE UTILIZARLAS MAS.

El imperialismo europeo y la Conferencia de Berlín

• Para organizar el reparto de Africa, el canciller alemán en Berlín, Bakunin, convocó una conferencia. En ella se acordó lo siguiente:

a) El primero que tomara un tramo de la costa, podía entrar en su interior.

b) Al que se le adjudicara un terreno tenía la obligación de meterse en él.

• En la Conferencia de Berlín se acordó:

a) La denominación de más puestos de trabajo.

b) El abono de las tierras, por lo que así la tierra crecía antes.

c) El desarrollo de las fábricas.

• Los de Bismark y los otros dijeron:

a) Quien cogía un tramo de costa tendría su lugar central correspondiente.

b) La navegación por los ríos Congo, Níger y *Zabeze* estaba neutralizada.

c) Si un país quería tener un lugar en Africa, tenía derecho a cogerlo.

ESPAÑA DESDE 1875 HASTA 1902

La Restauración. Alfonso XII

• YO ENTIENDO POR RESTAURACION CAMBIAR ALGO QUE YA ESTA MUY VIEJO POR OTRO NUEVO. EN ESTE CASO SE RESTAURA UN REY QUE YA NO TIENE IDEAS CLARAS POR OTRO QUE LAS TIENE.

• ALFONSO XII TUVO UN MINISTRO CON NOMBRE DE CALLE.

• Este rey tenía *patiyas* y se casó con una prima suya, que se le murió.

• Durante el reinado de Alfonso XII hubo una crisis anual.

• Alfonso XII sólo mandó cuando tenía once años de edad.

• La Restauración se enfrentó a dos problemas:

a) La tercera y última guerra carlista, encabezada por Cánovas.

b) La guerra de Cuba, encabezada por Sagasta.

• El general *Castellar* quería reformar el Gobierno con la herencia borbónica, pero Alfonso XII se le adelantó y se proclamó rey. Gracias a esto hubo dos importantes guerras: la de Cuba y la carlista.

• Alfonso XII, cuando sólo tenía veintisiete años y tras la minoría de edad de su hijo póstumo Alfonso XIII, se ocupó de las regencias de la reina y madre M.ª Cristina.

El sistema político de la Restauración

• Este sistema perseguía a todo el pueblo y también a Primo de Rivera.

• EL SISTEMA DE LA RESTAURACION ESTABA FORMADO POR DOS PARTIDOS: EL PRIMER PARTIDO Y EL SEGUNDO PARTIDO.

La política interior durante la regencia de María Cristina

• María Cristina gobernó hasta la mayoría de edad de su hijo y se le enfrentaron varias guerras.

• María Cristina quería que su hijo formara parte de la corona, pero era menor de edad.

• Carlos VII murió cuando sólo tenía veintisiete años y su hijo VIII cogió la regencia de su madre María Cristina.

El turno de partidos

• Cánovas y Sagasta concentraron a todo el pueblo y proclamaron el turno de oficio.

• CANOVAS Y SAGASTA FORMARON EL TURNO DE PARTIDOS QUE CONSISTIA EN UN REPARTO DEL GOBIERNO EN DOS PARTES.

• Cánovas y Sagasta se comprometieron en el poder.

La política exterior durante la regencia

• La política estaba dirigida por Maura. Maura fue un político que llevaba la mayoría de las revoluciones que se hacían en el exterior del país.

• Esta política consistió en que se necesitaban más exportaciones para igualar las importaciones, ya que se importaba más que se exportaba y no se sacaba dinero. María Cristina lo que hizo fue buscar una solución para que las exportaciones fueran más que las importaciones y, con el dinero, reformar cosas.

• La política exterior estuvo muy mal, pues perdimos *asta* las últimas colonias que nos quedaban.

• La política exterior de María Cristina se caracterizó por ser la guerra de Cuba.

La pérdida de Cuba

• En la pérdida de Cuba, los generales Martínez Campos y *Weyler* no consiguieron contentar a los bolcheviques.

• España se independizó de Cuba y dio Filipinas a los Estados Unidos.

La pérdida de Filipinas

• En la guerra con Filipinas, España dejó a Cuba que cediera a los Estados Unidos Puerto Rico. Esto fue por los enfrentamientos en la capital, Manila.

• La capital de Filipinas, Manila, fue derrotada y los Estados Unidos perdieron Puerto Rico y Filipinas.

• La capital de Filipinas, Manila, se capituló.

• Estados Unidos, al unirse con los aliados, produjo la guerra.

• Se firmó la Paz de París, por la que España reconocía la independencia de Cuba y cedía Puerto Rico, Estados Unidos y la isla de Guam.

La crisis de 1898

• La guerra de Cuba ocasionó un período de gran pobreza y los poetas y escritores empezaron a criticar al Gobierno de los Estados Unidos.

• EN ESE AÑO SE PRODUJERON MUCHAS CRISIS, Y ENTRE ELLAS, OTRAS MUCHAS.

• Esta crisis consistió en la crisis de Polonia y la crisis de Venezuela. Después de tantas guerras, ganaron.

LA CULTURA EN EL SIGLO XIX

El pensamiento en el siglo XIX

a) El idealismo

• EL IDEALISMO DECIA QUE LA IDEA ERA LA IDEA, Y QUE SI LA IDEA ERA LA IDEA NO PODIA SER OTRA COSA MAS. SE OPONIA AL EVOLUCIONISMO, QUE DECIA QUE LAS COSAS NACEN, CRECEN, VIVEN Y MUEREN POR GENERACION ESPONTANEA.

• El idealismo fue una forma de pensar de Darwin,

según la cual todos teníamos que ser iguales, sin diferencias de cargos políticos.

• El idealismo fue cuando un Hugo decía que todas las cosas son iguales.

• Según *Helge*, el idealismo trataba de que el hombre luchara por sus ideas y no fuera esclavo de nadie.

b) El positivismo

• Su creador fue *Helge* y decía que la vida venía de hechos históricos, no solamente de un deseo o pensamiento.

• Fue creado por el inglés Adam Smith. Pretendía como forma de Gobierno la libre absolución.

c) El evolucionismo

• FUE PROPUESTO DEFINITIVAMENTE POR DARWIN, QUE INTENTO MIRAR POR LA PAZ Y EVITAR NUEVOS ENFRENTAMIENTOS. CONSIGUIO EXITOS EN LA CUESTION ECONOMICA Y LABORAL, PERO FRACASO EN ASEGURAR LA PAZ MUNDIAL.

La literatura romántica

• En la literatura romántica española destacaron Miguel de Unamuno y Leopoldo Alas Clarín, conocido como Azorín.

• Fue una época de buenos escritores en España, como Lope de *Bega*.

• En la literatura romántica era admirado todo aquello que no se podía demostrar, por llamarlo de alguna manera: el amor y los sentimientos del individuo... Pero no sólo los sentimientos del individuo, sino también de la naturaleza.

• La libertad era su gran entusiasmo y *literarios* se suicidaban porque eran muy liberales.

• Los principales escritores románticos de la literatura española fueron: Víctor Hugo y Alejandro *Dina*. Y de la literatura europea: *Betcker* y Espronceda.

La literatura realista

• La literatura realista era muy natural.

• Los principales escritores realistas fueron: *Dostoiske* y *Toislo*, en Europa, y Antonio Molina en España.

LA PRIMERA GUERRA MUNDIAL Y LA REVOLUCION RUSA

Los orígenes de la Primera Guerra Mundial

• El asesinato se produjo en Sarajevo (Bosnia), donde falleció el cadáver del archiduque F.F. Después estalló la guerra entre los países beligerantes y los aliados.

- Las causas que motivaron esta guerra fueron:
  - causas políticas
  - causas demográficas
  - y otras causas.

• LA PRIMERA GUERRA MUNDIAL TUVO UN ORIGEN RARO Y FINALIZO CON EL TRATADO DE VERSALLES; ES DECIR, FINAL DE LA GUERRA.

- En la Primera Guerra mataron a un coronel llamado Carlos II en *Sandoja* y así se produjeron los enfrentamientos.

- La Primera Guerra Mundial fue entre japoneses y americanos. Los japoneses empezaron metiéndose con América y surgieron varios puntos por los que los americanos perdían bastantes soldados.

- El *Archi duque* de Alemania fue asesinado en un *atestado* en Sarajevo. Alemania culpó a Rusia y le declaró la guerra.

• EMPEZO CON EL ASESINATO DE FRANCISCO FERNANDEZ.

El desarrollo de la Primera Guerra Mundial

- Alemania dirigió a Francia un ataque, llamado relámpago, que asustó a Bélgica porque la cogió desprevenida.

• LA GUERRA MUNDIAL PRIMERA FUE MUY FAVORABLE E IMPORTANTE PARA ESPAÑA PORQUE COMO LOS PAISES ESTABAN EN GUERRA Y ESPAÑA NO, PUES ASI PUDIERON VENIR MUCHOS TURISTAS A TOMAR EL SOL.

• LOS ALEMANES LANZARON UN GRAN RELAMPAGO CONTRA FRANCIA POR BELGICA, PERO LOS INGLESES, AL VER EL PELIGRO DE SER INCENDIADOS, SE METIERON EN LA PRIMERA GUERRA MUNDIAL.

El fin de la Primera Guerra Mundial

• EL FIN DE LA PRIMERA GUERRA MUNDIAL A FAVOR DE LOS JAPONESES SE PRODUJO EN EL VIETNAM. EN EL VIETNAM, LOS JAPONESES EMPEZARON A USAR ARMAS SECRETAS Y LOS AMERICANOS EMPEZARON A EXTINGUIRSE. LOS AMERICANOS SE RINDIERON Y SOBREVIVIERON ALGUNOS. LOS JAPONESES TAMBIEN PERDIERON A MUCHOS HOMBRES, PERO ES QUE POR CADA DOS CHINOS MUERTOS A LO MEJOR ERAN DIEZ O DOCE AMERICANOS LOS QUE MORIAN. EL VIETNAM, TANTO PARA LOS AMERICANOS COMO PARA LOS JAPONESES, FUE UNA VERDADERA MASACRE EN LA QUE INCLUSO SE DESCUARTIZARON A PERSONAS.

El Tratado de Versalles

• EN MADRID SE FIRMO EL TRATADO DE VERSALLES, QUE ERA FORMAR UNA SOCIEDAD PARA LEVANTAR EL PAIS.

• Alemania firmó el Tratado de Versalles, por lo que tuvo que rebajar su ejército y su armamento.

La Sociedad de Naciones

• Era una sociedad en la que se negaba la política de aquel tiempo.

Antecedentes de la Revolución rusa

• El ejército del zar realizó una sangrienta batalla en *San Peters Burgos*.

• El soviets Nicolás II renunció al absolutismo y se hizo autócrata.

• Después de que terminase la Revolución rusa, llegaron los antecedentes. Debido a esto tuvieron que realizar una serie de reformas y arreglos tanto para el partido como para la ciudad.

• Rusia había iniciado su industrialización en el extranjero.

• Tras el fin de la Primera Guerra Mundial, el estado de Rusia era inesperado.

La revolución de febrero de 1917 en Rusia

• LOS MENCHEVIQUES ERAN PARTIDARIOS DE MENCHE.

• Fue una revolución presidida por Maura, por la que se reunían grandes potencias. Se formaron la Ley de Mancomunidades y la Semana Trágica, que fue una revuelta que causó muertes y desastres.

> • EL PRINCIPAL CABEZA DE LOS BOLCHEVIQUES ERA ALEXANDER FLEMING.

• El zar Nicolás perdió todos sus ejércitos, que se proclamaron obreros para ser soviets.

La Revolución de Octubre de 1917 en Rusia

• El que estaba gobernando antes huyó, pero volvió otra vez a ver si podía conseguir otra vez la plaza, pero fue inútil y huyó otra vez al extranjero con un ejército providencial.

• Trotsky dio un fuerte golpe en el Estado.

La guerra civil y la organización de la Rusia comunista

a) La guerra civil

• Fue entre el ejército blanco y el ejército rojo. Perdió el ejército rojo, que se quedó definitivamente en Rusia.

b) La organización de la Rusia comunista

• Quedaron nacionalizados los cultivos de las industrias básicas.

• Entraron las fuerzas políticas y quitaron la agricultura y el comercio exterior.

• Quedó nacionalizada la política con el *sufrusto* de que los campesinos podían cultivar sus tierras, y con la construcción nació la URSS.

ESPAÑA DESDE 1902 HASTA 1931. EL REINADO DE ALFONSO XIII

La crisis de los partidos dinásticos

• Alfonso XIII no pudo mantener el turno de partidos de Cánovas porque el *primo* de Rivera dio un golpe al Estado y le entregó el Gobierno.

• Al morir Sagasta asesinado, y Cánovas muerto, finalizó el turno de partidos.

• La Ley de Mancomunidades fue la agrupación de provincias para protestar.

• Maura y Canalejas eran dos grandes potencias que se fueron sucediendo en el Gobierno.

• A Alfonso XIII le nombraron mayor de edad y juró la Constitución.

La neutralidad española en la Primera Guerra Mundial

• España se quedó tan neutral porque no tenía rey en ese momento preciso.

• En la Primera Guerra Mundial España estaba neutralizada.

• España, en la Primera Guerra Mundial, tuvo una existencia neutra y esto fue beneficioso para ella.

La crisis de 1917

• La Asamblea de *Patentes* estaba formada por senadores y *diputaros* de todas las tendencias menos de los seguidores de Maura.

• En España hubo muchas revueltas revolucionarias, por lo que el Gobierno puso punto final.

El fin del turno de partidos

• Los tres problemas que pusieron fin al turno de partidos fueron, según parece, uno, dos y tres.

• En España había y hay distintos partidos, pero por las causas siguientes se produjo su fin:

a) Los partidos españoles no hacían nada.

b) Eran los peores.

c) Se les acabó la fuerza y no se volvieron a turnar.

El Directorio Militar

• Primo de Rivera pretendía proclamar el ejército, rechazar al rey y acabar con la República, fundar iglesias y llevar a España a un lugar en Europa con la CEE.

• En 1923, el general Primo de Rivera dio un salto al poder y Alfonso XIII le concedió el Gobierno.

• PRIMO DE RIVERA PRETENDIA METER EN EL GOBIERNO A FRANCO, PERO FALLO POR POCO.

• España realizó un desembarco y dos años después el norte de Africa fue aliviado del rebelde.

El Directorio Civil

• El Directorio Civil era un partido del Gobierno que manipulaba Franco para llevar su ejército por toda España.

El Gobierno Berenguer

• Berenguer sucedió a Cánovas porque éste no quería seguir y Berenguer siguió una política constitucionalista.

• TRAS LA DIMISION DE HITLER EN LA PRESIDENCIA DEL GOBIERNO, EL GENERAL BERENGUER FUE NOMBRADO JEFE DE GOBIERNO.

• Era conocido como el *dictablanda* y formó el *militario* de las Camisetas Negras.

• Este Gobierno tuvo resultados excelentes, ya que se produjo el gravoso aumento de la deuda exterior.

• El *Pato* de S. Sebastián fue un plan pensado por los inteligentes: Ortega, *Casset* y Primo.

EL PERIODO DE ENTREGUERRAS Y LA SEGUNDA GUERRA MUNDIAL

La depresión económica de 1929 y sus consecuencias

• Fue muy mala para muchos países, algunos de los cuales repatriaron sus materiales y colonias de otros países.

• Sus consecuencias fueron la subida de los productos y la bajada de los precios.

• El Directorio de Primo de Rivera intentó controlar la crisis de 1929, pero bajó aún más.

• Las naciones de Nueva York eran la bolsa y subieron muy alto.

• Las consecuencias de la depresión fueron que las fábricas de alimentos tenían una gran serie de alimentos que no podían entrar en los supermercados.

Los orígenes del fascismo italiano

• MUSSOLINI SE FUE ANDANDO A ROMA PARA VER AL REY. LLEGO CON LA CAMISA NEGRA DE TANTO ANDAR Y EL REY LE DIO UN MANDO.

Los orígenes del nacionalsocialismo alemán

• HITLER TOMO EL MANDO DEL REY DE ALEMANIA Y ESTUVO PREPARANDO EL EJERCITO AEREO Y NAVAL. ENTONCES HIZO EL SERVICIO MILITAR.

• El nacionalsocialismo fue creado conjuntamente por Hitler y Mussolini.

El expansionismo alemán

• Alemania, durante su expansionismo, se asoció con la Sociedad de Naciones.

• Hitler quería apoderarse de Polonia en un principio y luego, poco a poco, de toda Alemania.

Los primeros meses de la guerra

• Hitler entró y se colocó muy pronto en los territorios polacos. A Bélgica le tiró una bomba, pero no de fuego (no sé expresarlo).

• Alemania firmó con Rusia un pacto no agresivo.

• Los países occidentales pensaban que Hitler había llegado demasiado lejos con su política de no agresión.

• LOS ALEMANES ATACARON RUSIA Y NO SE ENCONTRARON SOLDADOS, SINO GRANDES *ALTABOCES* QUE CONTINUAMENTE REPETIAN LO MISMO.

La guerra en el norte de Africa

• *Romuel* fue derrotado, junto a un álamo, en el desierto por *Mongomi*.

• La guerra en Africa fue muy dura por el calor y las enfermedades, y por un comandante alemán que era muy recto. Exterminó muchos japoneses y *estadonidesen*, que se aliaron con los alemanes.

La guerra en el Pacífico

• La Segunda Guerra Mundial tuvo lugar en el Pacífico. Fue una guerra en la que se produjeron miles de muertos. Esta guerra fue muy conocida exactamente por eso: por la cantidad de muertos que hubo en ella. Muy pocos lograron salir de ella. Ya digo que es conocida como la más sangrienta por tantos muertos como hubo.

• Los alemanes invadieron el Pacífico con sus tropas y tras rodear a su objetivo, atacaron sobre él.

• La Segunda Guerra en el Pacífico fue a causa de que España y algunos otros países se enfrentaron en el mar y este mar era el Pacífico. Fueron unos enfrentamientos muy duros y así es como se produjo la Segunda Guerra Mundial en el Pacífico.

El fin de la guerra

• La guerra fue terminada por la Paz de Versalles.

• La Revolución República dio la paz a Alemania.

• LOS ALEMANES, PRECEDIDOS POR HITLER, TRAS GANAR BATALLAS, CONSIGUIERON LA VICTORIA.

LA SEGUNDA REPUBLICA Y LA GUERRA CIVIL

El Gobierno provisional de la Segunda República

• El Gobierno provisional tuvo muchos problemas, pero el más importante fue la depresión del 29, que era muy influyente.

• El Gobierno provisional estaba presidido por Azaña, que era un partido de derechas o partido comunista.

• Azaña echó fuera de la República española a los países que no estaban de acuerdo con él.

Las primeras medidas del Gobierno Azaña

• La primera fue conseguir la unidad religiosa.

• La reforma agraria tenía como principal objetivo organizar una gran escuela de pequeños propietarios y arrendatarios.

• EL GENERAL AZAÑA SE PRESENTO CON TRES PROBLEMAS, SIENDO EL MAS IMPORTANTE EL DE LAS *CASAS VIEJAS*, PUES EL GOBIERNO DIO A LOS CAMPESINOS UNAS CASAS EN MUY MALAS CONDICIONES, EN LAS QUE SE PRODUJERON DIVERSAS MUERTES. OTRO PROBLEMA FUE EL DEL ESTADO EN GENERAL.

• Se realizaron máquinas más seguras, rápidas y grandes y se construyeron edificios y fábricas que eran beneficiosas para la ganadería.

Problemas a los que se enfrentó el Gobierno Azaña

• El Gobierno de Azaña tuvo que hacer frente al *semiclericalismo*.

• El Gobierno Azaña mantuvo *sucesibas* guerras con otros Gobiernos que querían poseer su poder. Esto dio lugar a muchos enfrentamientos que, como es normal, terminaron con la paz.

• La Segunda República *proboco* el incendio de los manifestantes en varias iglesias y conventos.

La revolución de octubre de 1934

• En este año en España se formó una de las revoluciones más grandes que había habido en España nunca.

• El partido radical, que era centrista, se presentó a las elecciones, pero fue clausurado por el estraperlo.

• Yo, la revolución que me sé es la de octubre de 1936.

El Frente Popular

• EL FRENTE POPULAR ESTABA DIRIGIDO POR FIDEL CASTRO Y NO SE LE PUDO SUSTITUIR NUNCA, HASTA QUE NO MURIO, PUESTO QUE FUE UNO DE LOS MEJORES PRESIDENTES DEL FRENTE POPULAR.

La guerra civil. Primeras operaciones militares

• Comenzó la guerra en Africa, cuando las tropas pasaron a la Península en la cabeza del general Franco.

• La guerra civil española se enfrentó a tres graves ayudas exteriores.

Las grandes batallas

• El norte de las batallas se extendió por toda la Península.

• El ejército se dividió en dos zonas: la zona republicana, que estaba encabezada por el *Alto* Caballero, pero lo destruyó la ofensiva, y el general *Urín*, que se apoderó del ejército hasta el final de la guerra.

El avance hacia el Mediterráneo

• Franco lanzó otra ofensiva en el río Ebro y marchó bien hasta que hubo un frenazo de las tropas, y se denominó batalla del Ebro.

• Franco mandó sus tropas al Mediterráneo, donde se produjo una sangrienta batalla en Cataluña y en Castilla.

• EL GENERAL FRANCO LANZO SUS TROPAS AL MEDITERRANEO.

El fin de la guerra

• En el año 1939 dio fin la guerra civil española, que fue causa de la muerte de más de tres mil personas.

EL MUNDO DESDE 1945 HASTA 1973

El liderazgo de los Estados Unidos

• Los Estados Unidos se propusieron evitar la sovietización de España. Así, los Estados Unidos ayudaron a los gobiernos griego y turco en sus enfrentamientos con los comunistas.

• El presidente norteamericano *Stalín* fue el que hizo que los Estados Unidos tuvieran el mayor liderazgo de su historia en la Segunda Guerra Mundial.

El bloque político capitalista: el Plan Marshall

• Gran Bretaña, Francia y Alemania firmaron la República Federal de Alemania y Europa occidental firmó con la OTAN por si acaso. El líder fue *Stalín*.

• Marshall era muy conocido porque tuvo un *plan*.

• Marshall era americano y estuvo *a plan* durante varios años, hasta que pudo entrar en la OTAN.

• También se creó la OTAN, según una carta *funcional*.

El bloque político comunista

• El Pacto de Varsovia engloba a los países de *afluencia* soviética.

• Los comunistas fueron siempre los rusos y los de aquella parte.

La revolución cubana

• Fidel Castro luchó contra el dictador *Balbín*.

• Se proclamó una guerra fría entre estos dos países. Estos dos países estaban amenazándose continuamente. Un país decía que si tú echas tus tropas sobre mi país, yo te arrojo unas cuantas bombas atómicas.

La intervención estadounidense en el Líbano

• El Líbano actualmente está compuesto por Siria e Israel, dos autonomías *etérico* y religiosas siempre enfrentadas.

• La Unión Soviética quiso intervenir en el Líbano, pero no pudieron porque los Estados Unidos destruyeron sus tropas.

• Los *estado Unidenses* entraron en el Líbano y asaltaron todo aquello, lo que hizo que el *Livano* recogiese fuerzas para un próximo ataque. El siguiente asalto de los *estado unidenses* contra el *livano* terminó con que los dos sufrieron mucho y, puesto que se dieron cuenta de que eran invencibles, decidieron firmar una paz por la cual no se volverían a enfrentar.

La crisis de los misiles en Cuba

• SE PRODUJO CUANDO FIDEL CASTRO ACCEDIO A PONER MISILES EN EL BLOQUE CAPITALISTA, CASI EN LO ALTO DEL MISMO.

La guerra de Indochina

• Durante la segunda guerra, España se mantuvo neutral, a pesar de todo, aunque al final no lo era.

• La guerra de *Indosina* estaba formada por dos guerras: la primera y la segunda guerra.

• Esta guerra fue creada por Irán e Irak. Tuvieron duros enfrentamientos por el petróleo que no pasaba por un estrecho que ellos tenían y que era de uno de ellos y el otro también lo quería. Pero al final el petróleo pasó y todo terminó en paz.

El conflicto árabe-israelí

• Los países de Arabia e Israel propusieron hacer una guerra y no dejaron de luchar y luchar. Por eso se llama hoy día conflicto árabe-israelí.

• EL CONFLICTO SE CARACTERIZO POR LA FIESTA DEL YON KIPPUR.

• Los problemas entre Israel y los países árabes vienen desde que se creó la ONU.

ESPAÑA DESDE 1939 HASTA 1975. LA EPOCA DE FRANCO

La política exterior española hasta 1950

a) La neutralidad en la Segunda Guerra Mundial

• A pesar de que Franco fue neutral en la Segunda Guerra Mundial, no se le notaron las simpatías por los alemanes.

b) El aislamiento diplomático de España

• La ONU castigó al régimen de Franco aislándolo de la ONU.

• FRANCO CONCENTRO TODOS LOS PARTIDOS POLITICOS EN LA PERSONA DE FRANCO.

Política exterior española a partir de 1950

• Los Estados Unidos se habían unido a España y España entró en las JONS, la UNESCO y la ONU.

• En 1955, España ingresó en la ONU como miembro de sede popular.

• La estabilización económica de España estaba formada por una situación estratégica que servía para convenir a los países de Occidente. Franco tuvo buenas relaciones con Estados Unidos y con la Unión Soviética, pero se distanció de los países comunistas.

El sistema político del franquismo

• Franco rechazó todos los partidos políticos menos la FAO, que era española. Se formó la organización en sindicatos, en los cuales los empresarios y trabajadores tenían que tener un cargo.

• EL UNICO CAUCE DE PARTICIPACION POLITICA DURANTE EL FRANQUISMO ERA EL DE LOS CAMPEONATOS MUNDIALES DE FUTBOL Y LOS JUEGOS ESCOLARES.

• Este sistema duró mientras Franco fue rey. Luego desapareció con Juan Carlos I.

• Franco era la voz más fuerte en el Congreso de los Diputados y no permitía a nadie mandonguear. A *Fran* lo dejaron en paz por un tiempo y luego quiso que su nieto Juan Carlos fuera rey y lo consiguió, pues Juan Carlos I es ahora nuestro rey.

• El sistema político del franquismo era cuando gobernaba Franco.

• El régimen franquista se basó en la *contración* de poderes en Franco.

• El sistema político de Franco estaba formado por fueros.

Las leyes fundamentales del régimen franquista

• España no tenía una Constitución que llevarse a la vida política, por lo que Franco tomó una serie de leyes fundamentales. Fueron éstas:

a) El Fuero del Trabajo, por el cual se le cedían al obrero sus derechos.

b) Sucesión a la Jefatura del Estado, por la cual la monarquía hereditaria daba poder a Franco para la sucesión del Estado del rey.

c) Se separó el Gobierno del sindicato.

• En la Ley de Sucesión a la Jefatura del Estado, Franco podía hacer heredero a su hijo con el título de rey.

La autarquía española

• El Estado intervino activamente y proclamó la política económica de aquel año de 1957.

• Franco *racionalizó* los alimentos y creó una monarquía autárquica, pues España se hallaba en una mala situación con el estallido de la Segunda República.

• Cuando terminó la guerra mundial, España sufrió varias bajas económicas y cuando luego comenzó la guerra civil tuvo otras bajas más.

La oposición al régimen de Franco desde 1960 hasta su muerte

• En 1960, Franco tuvo que oponerse al régimen porque sabía que podían hacerle algo. Gracias a él, España había sido un país sincero y sin guerras, ya que, cuando murió Franco, España empezó la guerra.

• Franco fue un alto cargo hasta que murió. Entonces mandó en el país, y a su muerte todo fue distinto, porque se apoderaron de España y por eso había tanta guerra, que no se podía ir ni andar por la calle.

• LAS CABEZAS POLITICAS PENSARON QUE FRANCO HABIA TERMINADO CON SU LABOR, PERO FRANCO ACCEDIO Y ENTONCES LOS DEMAS INTENTARON PONERSE EN CONTACTO CON JULIO IGLESIAS. AQUI EMPEZO LA OPOSICION.

• La oposición de Franco era muy autoritaria, y así siguió hasta que murió Franco, que terminó.

La reactivación económica

• Al ver que la política y la economía de España se iban cada vez más abajo, los españoles hicieron algo para ayudarla y empezaron a trabajar en ella, con lo que España empezó a vivir una actitud positiva con su economía.

La economía española a partir de 1957

• El Gobierno tuvo que intervenir haciendo un plan que limpiara la economía.

• La economía española se incrementó en el año 1957, ya que por la Segunda Guerra Mundial hubo muchas catástrofes y las tierras no se cultivaban. En la ganadería hubo mucha peste y se exterminaron algunos animales por enfermedades. Las tierras no se cultivaban, ya que no había semillas en la economía. España se vio envuelta en un terrible cauce económico y social.

EL MUNDO DESDE 1973 HASTA LA ACTUALIDAD

La revolución sandinista en Nicaragua

• Hubo un enfrentamiento, y más tarde hubo otro enfrentamiento contra *Sumoza*.

• El religioso o fraile iraní *Gomeiní* derrotó al *dictado* nicaragüense *So moza*. Poco después hubo enfrentamientos en *Nicagua*.

• En España había muchas luchas y, por eso, tuvieron que luchar por la revolución sandinista que estaba en manos de Nicaragua. Así, el nicaragüense Somoza tuvo que hacer varios golpes: los golpes de Estado militar y los golpes de Estado nicaragüenses.

• En Nicaragua hubo unas guerras muy sonadas.

• Los principales acontecimientos políticos de los últimos años tuvieron lugar en Nicaragua, Iberoamérica e Irán.

La revolución islámica en Irán

• Irán, dirigido por Jomeini, derrotó al Gobierno iraní y gobernó de forma islámica.

• Un grupo bastante considerado, dirigido por el moro Jomeini, repusieron al sha y formaron las leyes islámicas.

• Fue la revolución *salámica* de Nicaragua.

• Que los guerrilleros derrotaron al Gobierno de Chile y luego también quedó derrotado el Gobierno

Islam. Pero tres años después este país volvió a la normalidad.

La guerra entre Irán e Irak

- La guerra consistió en que Irán invadió Irak y se produjo una guerra además de todo.

El conflicto del Líbano

- En ese conflicto, Irán cortó a Israel el estrecho de Camboya.

- En el Líbano había *entretenimientos* entre las comunidades religiosa e islámica.

ESPAÑA DESDE 1975 HASTA LA ACTUALIDAD. EL REINADO DE JUAN CARLOS I

Proclamación de Juan Carlos I como rey de España

- Juan Carlos I, hijo de Alfonso XIII, dio juramento frente a las Cortes.

• Juan Carlos I juró ante la corona y se estrenó como rey en el año 1975.

• El príncipe Juan Carlos, sobrino de Alfonso XII, presentó su juramento en las Cortes y fue nombrado Juan Carlos I.

• EN 1975 ERA PROCLAMADO JUAN CARLOS REY DE ESPAÑA, QUE PASARIA A LLAMARSE JUAN CARLOS REY DE ESPAÑA.

El Gobierno Arias Navarro

• ARIAS NAVARRO ESTUVO CON FRANCO Y LUEGO FUE READMITIDO EN SU TRABAJO POR EL REY JUAN CARLOS.

• Arias Navarro tuvo el cargo, pero Felipe González se lo quitó por conseguir más puntos que él. Así, Felipe *Gonsale* preside la mesa electoral.

• El Gobierno de Arias fue un Gobierno, aunque no como otro cualquiera.

• El rey Juan Carlos I captó la dimisión de Arias Navarro y la aceptó.

El primer Gobierno Suárez

• El Consejo del Reino presentó tres candidatos al rey para que eligiera al que sería Presidente del Gobierno y el rey nombró a Adolfo Hitler.

• Gutiérrez *mellado* fue dentista antes de hacerse del Gobierno.

Las elecciones de junio de 1977

• El Gobierno Suárez suprimió los *tribunos* especiales y autorizó la *ñaki-ñaki* como bandera del País Vasco.

• Las Cortes presentaron al rey una *tregua* de futuros presidentes y el rey cogió a Suárez. Y fue Suárez quien creó el primer Gobierno conocido como el primer Gobierno Suárez.

• El Gobierno Suárez *devolvió* la peseta.

• Adolfo Suárez formó una Constitución y se la enseñó al pueblo español.

• Estas elecciones se hicieron porque se tenía que elegir una Constitución en la que el país se sintiese orgulloso de Fidel Castro.

La Constitución española de 1978

• Con las últimas elecciones triunfó la Unión Soviética del Centro Democrático presidido por Suárez.

• Los llamados Pactos de la Moncloa eran unos pactos o acuerdos que contaban de unos noventa y cinco países.

• LA DERECHA SE PRESENTO A LAS ELECCIONES CON SUS MIEMBROS FRACTURADOS Y PERDIO POR ESO, NO COMO EL PARTIDO POPULAR.

Las elecciones de marzo de 1979

• El Gobierno decretó la legislatura. Tras esto decretó la huelga.

Elecciones de octubre de 1982 y el primer Gobierno socialista

• En octubre de 1982 se convocaron unas elecciones que dieron la mayoría al PSOE y a ambas Cámaras.

• En este año de 1982 salieron los socialistas con mayoría y Adolfo Suárez quedó sorprendido.

El golpe de Estado del 23 de febrero

• Mientras Tejero tenía domesticados a los del Congreso, en Valencia un tal *Mosh Bosh* firmaba la guerra contra los miembros de ETA.

• Tejero asaltó a Calvo Sotelo en el Congreso cuando estaba votando.

• El teniente Tejero se quiso nombrar rey cuando todos estaban en el Congreso juntos, pero le falló el *Mi-*

lán, que reclamó Valencia echando los tanques por las calles.

• CUANDO SE ESTABA VISTIENDO A CALVO SOTELO ENTRO EL TENIENTE TEJERO EN EL CONGRESO Y LOS TIRO AL SUELO A TODOS. HUBO QUIEN PASO MUCHO *CANGUI*.

• El rey se negó a *aceder* y esta negativa hizo que a Tejero se le bajara la moral.

• Entre Tejero y Milans del Bosch atracaron el Congreso y mantuvieron presos a varios jefes del Gobierno.

Lengua y literatura

COMPRENSION

Explica el refrán: «Más vale pájaro en mano que ciento volando»

- Que más valen cien pájaros en la mano que ir *poraí* para cazar un pájaro.

Explica el refrán: «Quien mal anda, mal acaba»

- Quien mal anda, poco corre.

¿Qué quiere decir la expresión: «Parece un grito que ha cuajado en árbol» que aparece en la lectura?

- Pues que es un árbol de cementerio y parece que los muertos lanzan gritos a los árboles.

VOCABULARIO

¿Qué es un buhonero?

- El que vende búhos.

Escribe palabras que comiencen por el prefijo hipo-

• *Hipogolondrina, hiposuyo, hipotuyo, hipomío.*

¿Qué entiendes por ciudadano?

• El hombre que cuida los cementerios y que está en todos los cementerios del mundo.

• El que está plantado en las ciudades.

Define sillón

• Un sillón es una cosa donde se asientan las *aposaderas*.

Masculino de oca

• Parchís.

LINGUISTICA

¿Qué son pronombres demostrativos?

• Los que demuestran algo. Por ejemplo, que una niña es fea o guapa y un niño es alto o *bago*.

Formas del pronombre relativo en singular y plural

• Caramba.

Escribe en pasiva las siguientes oraciones activas:

a) Luis estudiaba francés

• Luis era estudiado por francés.

b) Mi hermano come pan

• Mi hermano es comido por pan.

Escribe en activa la oración pasiva: «El tren fue puesto en marcha por el maquinista»

• El maquinista fue puesto en marcha por el tren.

Diferencia lengua y habla

• La diferencia que hay entre lengua y habla es que la lengua es la forma en que hablan las personas, por ejemplo, unas hablan más fuerte y otras más bajo, más fino, etc. Mientras que el habla es algo distinto a la lengua; es lo que se dicen unas personas a otras de cualquier forma.

• El habla es el sonido por el que se entienden los hombres y la lengua es la que hace hablar.

• Lengua y habla se diferencian en que habla es por lo que el que habla se expresa.

Escribe una oración en la que haya una aposición

• Subimos al monte como si fuéramos hacia abajo.

¿Qué son oraciones desiderativas?

• Las que no dicen nada.

REDACCION

Sobre el trabajo

• EL TRABAJO ES UN DEFECTO QUE SE ENCUENTRA ENTRE LOS MUCHISIMOS QUE HAY EN NUESTRA SOCIEDAD. OTRO DEFECTO SON LAS *TRADICIONES*, PORQUE MATAN A LAS PERSONAS QUE NO TIENEN CULPA.

Sobre la guerra y sus consecuencias

• Después de una guerra lo que más se ve es hierba quemada, que un año antes de la guerra daba lentejas, patatas, etc.

Sobre el árbol

• En el árbol hay peras, manzanas, plátanos y uvas, aunque no todos a la vez, sino unos por un lado y otros por otro. Por ejemplo, en mi árbol hay sólo manzanas.

• Los árboles dan muchas clases de frutos muy buenos que alimentan mucho, como el corcho, la madera, la encina, etc.

• Los árboles que más me gustan son los árboles *brutales*.

Sobre el amanecer

• Al comenzar el día empiezan a cantar los pájaros, los lobos y las zorras.

Sobre un jardín

• Era de madrugada cuando el Sol se estaba poniendo y los niños estaban durmiendo. Entonces se oyó un ruido en el jardín.

Sobre el ocio

• El *osio* es para toda aquella persona, animal o planta que trabaja. Ejemplo: el árbol echa sus frutos, pero el período que va desde una época de echa a la otra echada se está en *osio*.

Sobre las elecciones

• Las elecciones son muy importantes porque sirven para poner el pueblo en orden y limpio. Y hay que votar para que gane un partido, porque si no gana, estará hecho una pena y ni las cosas serán suyas ni de nadie y por eso tenemos que votar.

Sobre las enfermedades

• Aquel hombre tuvo una enfermedad, se murió y se quedó ciego.

Sobre los orígenes del castellano

• En castellano antes se ponía y decía *Isvilia*. Por ejemplo: En *Isvilia* hay un avión de Nueva York. Yo voy a *Isvilia*.

• El castellano normalmente lo hablamos nosotros, pero no sólo nosotros. También en otros lugares. Por ejemplo, Italia. Algunas palabras se entienden cuando nos hablan y en muchos sitios también en latín.

• La lingüística es la lengua que no se habla en toda España.

Sobre el vestido

• Los romanos vestían una moda joven.

Sobre mi pueblo

• Mi pueblo es una provincia de Cádiz, situada al Sur de España, que tiene mucha vegetación para los niños y por eso se llama El Bosque.

Sobre el perro

• El perro es el mejor amigo del hombre después de

la mujer, y nace de huevos. Las orejas le salen de las dos extremidades de la cara y llegan a ser más altas que la cabeza. También es marsupial.

Sobre el comercio en España

- El comercio abunda en España y lo tienen embasado para que no se termine nunca.

Sobre la lluvia

- Si no lloviera las plantas se secarían y los animales también, etc.

Sobre la leche

- En mi casa la que bebemos es *destetada*, para no engordar mi madre y mi hermana.

- La que más usamos es una *desacreditada*, aunque yo no bebo mucha todos los días.

LITERATURA

Escribe un comentario sobre «La canción del pirata»

- Lo que acabo de leer es una poesía. Su autor es Espronceda, escritor cadáver.

¿Qué eran las glosas?

• Las glosas eran palabras y frases que se metían entre las personas.

¿Qué diferencias hay entre ascética y mística?

• LA ASCETICA SE HACE CON PALABRAS Y LA MISTICA CON MOVIMIENTO Y MUSICA.

Cadalso

• Cadalso iba todas las noches a desenterrar un cadáver y a tanto llegó su encono que el cadáver lo trasladó a él a Salamanca.

Escribe lo que sepas de la obra «Don Alvaro o la fuerza del sino»

• Que uno tenía que casarse con su novia y empezó a deshojar margaritas diciendo si-no, si-no.

¿En qué hay que buscar el verdadero mérito de Larra?

• EN QUE FUE ESTUDIANTE DE SALAMANCA.

Escribe lo que sepas de Berceo

- Se llama berceo al acto de recoger berzas de una huerta. Suele hacerse cuando la berza está madura.

El Auto de los Reyes Magos

- El auto de los Reyes Magos es el primer modelo especial que se conserva.

Quevedo

- A Quevedo se le llamaba así porque usaba gafas.

METRICA

¿Qué nombre reciben dos versos que riman entre sí en asonante o consonante?

- Papeado.

Los más pequeños
(Varias materias)

CIENCIAS NATURALES

FISICA

¿Para qué sirve el dinamómetro?

- Para medir los muelles.

Propiedades de los cuerpos

- La comprensibilidad, la igualdad y la natalidad.

¿Cómo se llaman los cuerpos que no dejan pasar la luz?

- Son los cuerpos que tienen mucha salud.

CUERPO HUMANO

¿Qué músculo separa interiormente el tórax del abdomen?

• Aranjuez, Toledo y Talavera de la Reina.

¿Por medio de qué músculo llevamos la cabeza hacia atrás?

• Por el *esterno cleido masto y dedo*.

ZOOLOGIA

¿Qué animal tiene las patas iguales que las de la cabra?

• El pez.

Los anfibios

• Son vertebrados que pueden vivir indistintamente en la tierra y en el cielo.

• Los anfibios respiran por los pies.

Escribe el nombre de un animal doméstico.

• El hombre.

Las aves

- Las aves tienen el cuerpo cubierto de escamas.

- La lechuza pertenece al grupo de las premolares.

GEOGRAFIA

GEOGRAFIA DESCRIPTIVA

¿Cuáles son los puntos cardinales?

- A, e, i, o, u.

¿Qué es un año luz?

- Es cuando se hace de noche y se ve el Camino de Santiago.

- Es un año que se emplea para medir la luz.

- Que la luz recorre 300.000 km en un año por segundo.

¿Por qué los planetas no se caen o no son absorbidos por el Sol?

- Porque llegando al Sol se derriten.

¿Qué son los meridianos?

• Son trozos de estrellas fugaces que caen en la Tierra.

Explica por qué la Luna nos presenta siempre la misma cara.

• Porque la otra cara no da luz.

¿Qué son los eclipses de Luna?

• Es lo que tarda el Sol en cambiar la luz de la Luna en un tiempo muy variado.

• Son astros que están en la *luna*.

GEOGRAFIA DE ESPAÑA

Escribe el nombre de tres pueblos de Cáceres

• Badajoz.

Escribe el nombre de las Islas Baleares

• Mallorca, Menorca, Ibiza, Cereales y hortalizas.

Escribe el nombre de una comarca importante de Cataluña

• El ganado vacuno.

Situación de la Península Ibérica

- Está limitada al sur de España.

- España se halla situada al suroeste de la Península Ibérica.

¿Por qué es importante Talavera de la Reina?

- Porque pasa un río.

MATEMATICAS

ARITMETICA

¿Cuándo se dice que un número es primo?

- Cuando tienen en un ángulo las letras y los números con una comilla en lo alto.

GEOMETRIA

¿Qué son rectas paralelas?

- Son las que nunca se encuentran a no ser que alguna sea rebelde.

¿Qué son triángulos semejantes?

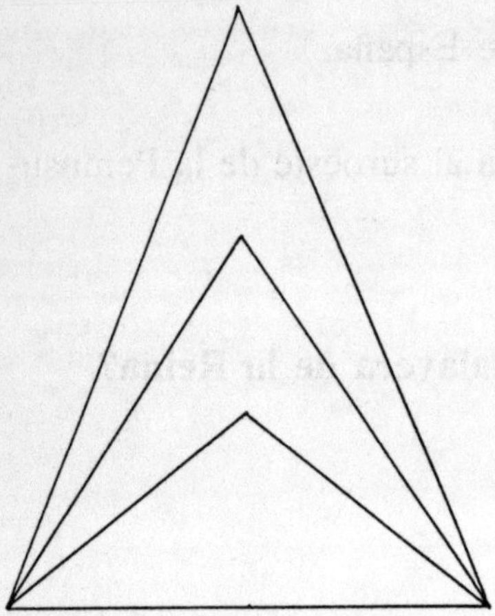

• Es aquel en que son tres.

LENGUAJE

LINGUISTICA

Escribe el diminutivo de cama

• Colchón.

REDACCION

Sobre el hambre en el mundo

• Y cada día mueren 10.000 niños consecutivos, como en Africa, en la India y en América del Norte.

• También España manda medicinas para que se las tomen los negros y no se mueran tanto.

Sobre la huerta

• En las huertas hay muchas agriculturas y de las agriculturas salen las agriculturas.

• La huerta es un producto agrícola.

Un día en el campo

- Luego, mi tío, ordeñó la vaca para que la bebiésemos.

RELIGION

CATECISMO

¿Qué es orar?

- Orar es hablar con Dios para *impedirle* toda clase de bienes.

¿Cuándo nos hacemos hijos de Dios?

- Cualquier día de éstos.

¿Cuántas personas hay en la Santísima Trinidad?

- Padre, hijo y madre.
- Las tres que el profesor nos ha dicho.

¿Qué es la Santísima Trinidad?

- Un problema difícil de resolver.

¿Cuál es el primer mandamiento de la Iglesia?

- Oír misa entera todos los domingos sin fiestas que guarde.

• Oír misa entera todos los domingos y las fiestas del guarda.

El Padrenuestro

• El pan nuestro de cada día dánoslo de hoy.

Clases de pecados

El barbo, la trucha y el salmón.

HISTORIA SAGRADA

¿Cuál de las parábolas de Jesús que conoces te gusta más?

• La del *higo* pródigo.

¿Qué eran las catacumbas?

• Un montón de piedras que caen a las orillas de los ríos.

¿Por qué expulsaron a Adán y Eva del Paraíso?

• Por colgarse de las ramas.

¿Quiénes fueron nuestros primeros padres?

• Los apóstoles y los discípulos.

¿Qué sucedió el día de Pentecostés?

• Que se escuchó un ruido y se le encendió a los discípulos como una bombilla en la cabeza.

La Anunciación

• ...Y Dios envió al ángel a una virgen desposada con cierto varón de la casa de Madrid llamado José.

¿Dónde nació Abraham?

• En el país de Canadá.

¿Cómo se llaman los naturales de Israel?

• Arabes.

OTROS TITULOS DE ESTA COLECCION

1. Carmen Posadas, **Yuppies, jet set, la movida y otras especies (Manual del perfecto arribista).** Undécima edición.
2. Francisco Umbral, **Guía de la posmodernidad (Crónicas, personajes e itinerarios madrileños).**
3. Marilyn Hamel, **Guía del protocolo sexual (Cómo seducir a un caballero sin dejar de ser una señora).** Séptima edición.
4. P. J. O'Rourke, **Cómo tener la casa como un cerdo (Guía doméstica del perfecto soltero).** Decimosexta edición.
5. Carmen Posadas, **El síndrome de Rebeca (Guía para conjurar fantasmas amorosos).** Tercera edición.
6. Luis Zarraluqui, **Batallas conyugales (Adulterios, traiciones, divorcios y demás contiendas matrimoniales).** Quinta edición.
7. Angel Palomino, **Insultos, cortes e impertinencias (Cómo hacerlo).** Novena edición.
8. Eduardo Calvo, **La risa de los dioses (La mejor literatura de humor de todos los tiempos).**
9. Fernando G. Tola, **Cómo hacer absolutamente infeliz a un hombre.** Decimoctava edición.
10. Sayers y Viney, **Las malas noticias del horóscopo (El libro de astrología que le cuenta la espantosa verdad).** Quinta edición.
11. James Gorman, **Primeros auxilios para hipocondríacos.** Tercera edición.
12. Costus, **Enciclopedia universal de la María (y sus metamorfosis: la marmota y la chiquilla).** Segunda edición.
13. Carlo Frabetti, **Manual del ingenioso (Cómo ganar puntos y quedarse con el personal).** Quinta edición.

14. Antonio Gómez Rufo, **Cómo ligar con esa chica (que tanto te gusta y a la que le gusta otro).** Quinta edición.

15. Dan Greenburg y Suzanne O'Malley, **Cómo escapar del amor y el matrimonio.** Quinta edición.

16. Bruce Nash y Allan Zullo, **Cómo hundir su empresa (Guía práctica de la mala gestión).** Sexta edición.

17. Pedro Ruiz, **El Estado y la madre que lo parió.** Séptima edición.

18. Angel del Pino, **Cómo reírse del sexo (en publicidad).**

19. Julio García Castillo, **Cómo convertirse en un genio de los negocios.** Cuarta edición.

20. Fernando G. Tola, **Mis tentaciones (10 lecciones para bajar al infierno).** Segunda edición.

21. Moncho Alpuente, **Cómo escapar del '92 (Indios, conquistadores y demás sainetes colombinos).** Segunda edición.

22. Stephanie Brush, **Hombres: manual de uso y disfrute.** Cuarta edición.

23. Marina Pino, **Cómo montártelo por el morro (Manual del buscavidas).** Cuarta edición.

24. Miguel Platón, **¡Qué políticos tan divertidos! (Anécdotas, patinazos y otras chapuzas nacionales).** Quinta edición.

25. Amando de Miguel, **Fantasía fiscal (Año 2002: Tribulaciones del Caudillo Gómez y su tropa).** Tercera edición.

26. Rosa Oliva, **La rebelión de las gordas.** Tercera edición.

27. Carmen Rico-Godoy. **Cómo ser una mujer y no morir en el intento.** Trigésima edición.

28. C. Malo de Molina y A. Pérez Henares. **Cómo ser infiel sin que te descubran.** Cuarta edición.

29. Angel Palomino. **Supersticiones, gafes y otras tropelías.**

30. El Gran Wyoming. **Un vago, dos vagos, tres vagos.** Tercera edición.

31. Gomaespuma. **Familia no hay más que una (y el perro lo encontramos en la calle).** Sexta edición.

32. P. J. O'Rourke. **Vacaciones en la guerra (y otras historias).**

33. Marta Azcona. **Manual de amargados, maniáticos y depresivos.** Segunda edición.

34. Josep-Vicent Marqués. **Curso elemental para varones sensibles y machistas recuperables.** Tercera edición.

35. Matías Prats y S. Martínez-Fornés. **Guía erótica del fútbol.** Segunda edición.

36. Jimmy Giménez-Arnau. **Cómo forrarse y flipar con la gente guapa.**

37. Carmen Posadas. **¡Quién te ha visto y quién te ve! (Recordando los 60).**

Ediciones Temas de Hoy
Paseo de la Castellana, 93. Planta 14
28046 Madrid

20 [illegible]

21 [illegible] España no hay más que [illegible] o [illegible] en la [illegible]

22 [illegible] Variaciones en la guerra y otros actos [illegible]

23 [illegible]

24 [illegible] como [illegible] para [illegible]

25 [illegible]

26 [illegible]

27 [illegible]

[illegible]
[illegible] de la Castellana, [illegible]
[illegible] Madrid